매일 1시간
쓱 보면
툭 나오는
영어 공부법

매일 1시간 쓱 보면
툭 나오는 영어 공부법

초판 발행 2019년 1월 7일

지은이 성재원
펴낸이 추미경

책임편집 이민애 / **마케팅** 신용천·송문주 / **디자인** 싱아

펴낸곳 베프북스 / **주소** 경기도 고양시 덕양구 화중로 130번길 48, 6층 603-2호
전화 031-968-9556 / **팩스** 031-968-9557
출판등록 제2014-000296호

ISBN 979-11-86834-80-0 13320

전자우편 befbooks75@naver.com
블로그 http://blog.naver.com/befbooks75
페이스북 https://www.facebook.com/bestfriendbooks75

이 도서의 국립중앙도서관 출판예정도서목록(CIP)은 서지정보유통지원시스템 홈페이지(http://seoji.nl.go.kr)와 국가자료공동목록시스템(http://www.nl.go.kr/kolisnet)에서 이용하실 수 있습니다.(CIP제어번호: CIP2018040897)

아직도 학원과 어학연수에 목매니?

3개월 완성, 내 방에서 끝내는 어학연수!

매일 1시간 쓱 보면 툭 나오는 영어 공부법

성재원 지음

영어울렁증에 시달리던 공대생,

해외 어학연수 한 번 없이 영어 스피킹 코치가 되다!

베프북스

Best Friend Books

대학교 고학년이 되어서 취업 걱정이 시작될 무렵, 주변 친구들은 영어를 배우러 영어권 나라로 하나둘씩 떠나기 시작했다. 워킹 홀리데이를 통해 일을 하면서 영어를 배운다는 친구도 있었고, 어학원에 등록해서 체계적으로 영어 공부를 한다는 친구들도 있었다. 이렇게 해외로 떠나는 친구들 사이에서 나는 조금 다른 선택을 하기로 마음먹었다.

'내 방에서 어학연수'

처음에는 해외로 무작정 떠나는 게 조금 두렵기도 했다. 하지만 무엇보다도 영어를 꼭 해외에 가서 배워야 하는지에 대한 의문이 있었다. 서점에서 본 '영어 성공기'처럼 나도 충분히 한국에서도 영어 말하기를 할 수 있을 것만 같았다.

주변에서는 무모한 도전이라고 만류하는 사람이 더 많았다. 언어적 능력이 뛰어나거나 독한 사람들만이 할 수 있는 일이라고 했다. 늘 작심삼일을 반복해서 꾸준히 하는 게 없었던 나와 같은 사람은 해외에 가는 것이 답이라고 했다.

하지만 한번 해보고 싶다는 마음이 더 크게 들었다. 그렇게 조금 무모하게 느껴졌던 방구석 어학연수가 시작되었다. 그 과정은 예상했던 것처럼 쉽지 않았다. 포기하고 싶은 순간도 있었고, 겪지 않아도 될 시행착오도 많이 지나왔다. 그때마다 학습법 책을 여러 권 읽고, 영어 멘토를 찾아다니면서 고비를 넘겼다.

3년 뒤. 같은 과 친구들이 대부분 공기업과 대기업에 취업하고 있을 때, 난 졸업과 동시에 강남의 한 성인어학원에서 영어 스피킹 코치로 공식 데뷔했다. 그리고 2015년 10월, 운이 좋게도 《김미 어 픽쳐 플리즈》라는 영어 학습서의 저자가 될 수 있었다.

책을 출간한 이후에는 영어 때문에 고통 받고 있는 분들을 만나서 상담을 하는 시간을 가졌다. 다양한 나이, 배경, 환경을 가진 사람들이 나를 찾아와 주었고, 덕분에 많은 이야기를 나눌 수 있었다. 일방적으로 나만 얘기하는 게 아니라, 그분들의 고민을 공감하면서 이야기를 많이 들으려고 노력했다.

20대 대학생부터 3~50대의 직장인과 주부들까지. 이렇게 많은 사람들이 영어 때문에 고통을 받고 있다는 걸 알고 난 후에는 조금 놀라기도 했다. 영어는 2~30대 대학생과 직장인 초년생만의 문제가 아니었던 것이다. 영어 스피킹 코치로써 더욱 책임감이 생기기 시작했다. 영어 울렁증 공대생 시절의 내 모습을 보는 것 같아 '어떻게 하면 왕초보도 현실적으로 영어 말하기를 잘 할 수 있을까'란 생각으로 학습법을 고민하기 시작했다. 무조건 '열심히!'를 강조하기보다는 현실적으로 영어 말하기를 연습할 수 있는 방안을 구상하기 시작했다.

현대인의 대부분은 하루에 투자할 수 있는 최대 시간이 약 1시간 정도이다. 물론 이 시간은 출퇴근 시간이나 자기 전 시간과 같은 자투리 시간을 합친 것이다. 이 시간 동안 최대한 집중해서 효율적으로 한다면 충분히 가능할 것 같았다. 실제로 이런 방법으로 영어 말하기를 잘하게 된 학생들을 보면서 확신이 생겼다. 더 많은 분에게 이 부분들을 전해주고 싶어서 '매일 1시간씩 쓱 보면 툭 나올 수 있는' 현실적이고 효율적인 학습법을 정리하기 시작했다.

다양한 상담 사례들과 연구를 통해서 윤곽이 잡히기 시작했다. 우리가 영어를 잘 못하는 데는 크게 세 가지 이유가 있었던 것이다. 이러한 부분들에 집중해서 학습을 진행한다면 훨씬 더 효율적으로 진행할 수 있을 것이다.

1) 첫 번째는, 일정 시간 이상 꾸준하게 학습을 지속하지 못했기 때문이다. (PART 1)

영어는 연습을 통해서 몸으로 익혀야 하는 운동과 같다. 원하는 역량을 갖추기 위해서는 이론으로 접근하기보다는, 계속해서 반복 훈련을 하는 것이 필요하다는 얘기이다. 그리고 이런 연습은 어느 정도의 시간이 채워져야 실력 향상을 느낄 수 있다.

그 시간이 채워지기 위해서는 매일 조금이라도 꾸준히 하는 것이 필수적이다. 하지만 대부분은 사람들은 '강제성'이 없는 상태에서 무언가를 꾸준히 해본 적이 없다. 처음에는 불타는 의지로 시작했지만 시간이 지날수록 우선순위에서 밀려서 멈춰버린 것이다. 실제로 영어뿐만 아니라 다른 활동들도 매일 1시간씩 3개월 이상 지속하는 것은 매우 힘이 든다.

그래서 초보 영어 학습자는 '어떻게 꾸준히 할 수 있을 것인가?'에 대한 부분을 꼭 한 번 생각해보는 것이다 좋다. 매일 꾸준히 하기만 해도 영어 정복은 반쯤 해결되었다고 보면 된다. Part 1의 열세 가지 이야기들을 통해서 언어 학습에서 '꾸준함'을 유지할 수 있는 방법을 알 수 있다.

2) 두 번째는, 영어 문장을 수박 겉핥기식으로 알고 넘어갔기 때문이다. (PART 2)

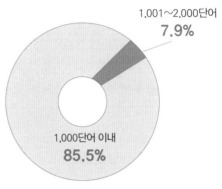

핀란드 인터뷰 단어수준 분석
(출처: 연세대학교 영어코퍼스 연구소)

핀란드 사람들은 영어로 자신의 생각을 표현하는데 거리낌이 없다. 하지만 그 사람들이 사용하는 단어 수는 1000단어 이내가 85.5%, 2000단어 이내가 93.4%이다. 이는 중학교 교과서에 나오는 영어 수준과 비슷하다고 보면 된다. 보통 사람들이 생각하는 것보다 적은 단어로 충분히 의사소통을 할 수 있다는 것이다.

산술적으로 계산해 보면, 하루에 10문장씩 꾸준히 100일을 암기하면 영어 말하기에 필요한 단어들을 대부분 익힐 수 있다는 말이다. 이렇게 말은 굉장히 간단해 보이지만 실천하기에는 쉽지 않다. 이 문장들을 그

매일 1시간 쓱 보면 툭 나오는 영어 공부법

냥 '아는' 정도가 아니라 완전히 내 것으로 만들어야 하기 때문이다. 영어 초보자에게 중요한 것은 양보다 질이다.

이제까지 우리는 영어 문장을 '수박 겉핥기'식으로 학습해왔다. 하지만 그렇게 애매하게 알고 있는 말들을 실전에서 절대 나오지 않는다. '고마워=Thank you'처럼 생각과 동시에 말이 나올 정도가 되어야 한다. 그러면 단순 반복으로 완전하게 내 말로 만드는 것이 가능할까? 물론 반복은 중요하다. 하지만 영어 공부를 할 시간이 한정된 학습자들은 조금 더 효율적인 방법을 생각해보는 편이 좋다. PART 2의 열한 가지 이야기를 통해 효율적으로 영어 문장을 익히는 방법을 알 수 있다. 특히 하루에 투자할 수 있는 시간이 한정된 학습자라면 꼭 한 번 따라해 보는 것을 추천한다.

3) 세 번째는 영어 말하기를 연습해 본 적이 없거나, 다양한 고정관념 때문에 영어 말하기를 시도하지 못했기 때문이다. (PART 3)

대부분의 초보 학습자 분들은 '영어로 말하는 것' 그 자체를 힘들어한다. 이제까지 해본 적이 거의 없기 때문에 어색함을 느끼거나, 여러 가지 고정관념 때문에 영어로 말하는 것에 대한 두려움이 큰 것이다. 그리고는 '내가 영어를 못해서'라고 문제의 결론을 내려버린다.

그럼 영어 말하기를 잘하기 위해서는 어떻게 해야 할까?

일단 기본적으로 영어 말하기를 많이 해봐야 한다. 어떤 좋은 방법이 있다고 해도 많이 해 보지 않으면 잘 할 수 없기 때문이다. 무엇이든지 많이 해볼수록 유리하다. 그러기 위해서는 가장 먼저 해외 어학연수를 고려해볼 수 있다. 영어를 사용할 수 있는 환경이 제공되기 때문에 영어 말하기를 연습하기는 제일 좋다. 하지만 대부분의 학습자는 몇 개월 이상 해외에서 거주하는 것이 불가능하다. 그럼 영어로 말하는 것을 포기해야 할까? 그렇지는 않다.

영어 말하기 연습은 내 방에서도 충분히 할 수 있기 때문이다. 올바른 방향 설정과 적절한 학습 자료만 있으면 언제 어디서든지 시도해볼 수 있다. 가장 중요한 것은 '내 방에서 영어 말하기 연습을 하는 것은 불가능하다'라는 생각을 버리는 것이다. 워크북에서는 내 방에서도 영어 말하기를 연습할 수 있는 200개의 질문을 제공하고 있다. 이 자료들을 활용해서 열심히 연습해보자.

가끔, 몇 년 전의 나처럼 다양한 고정관념 때문에 지독한 영어 울렁증에 시달리는 분들을 만날 때가 있다. 이러한 분들은 자신을 둘러싸고 있는 고정관념의 실체를 마주하는 것도 필요하다. 스스로 인정하고 노력한다면 조금씩 영어 말하기에서 자유를 찾을 수 있게 될 것이다.

PART 3의 열한 가지 이야기를 통해 한국에서 영어 말하기를 연습할 수 있는 방법과, 우리가 가지고 있었던 고정관념의 실체에 대해서 알 수 있다. 이 이야기를 읽은 다음에는 영어로 말하는 게 한결 편해질 것이다.

우리의 영어 말하기가 힘든 이유는 대부분 이 세 가지 안에 있다. 원인을 알고, 해결책을 찾았으면 꾸준한 실천을 할 차례이다. 하지만 여기에도 한 가지 문제가 있다. 학습자의 대부분을 차지하는 '온라인 학습자'들이 흔히 갖는 문제이다.

오프라인에서 자주 코칭을 받는 분들은 계속해서 방향 설정을 할 수가 있었다. 하지만 문제는 낼 수 있는 시간이 일정하지 않아서 수업을 받을 수 없는 분들이었다. 혼자 외롭게 학습하다가 지쳐버리거나, 잘못된 길로 가다가 포기하는 분들이 생겼기 때문이다.

그 후 '영어핵 원정대', '멘토링', '온라인 스터디' 등의 다양한 프로젝트를 하면서 조금 더 그들의 입장에서 고민해 보았다. 바쁘고 시간이 없는 분들도, 언제 어디서든지 할 수 있는 방법이 필요했다. 하루 종일 시간을 투자해야 성공할 수 있는 방법이나, 특별한 몇몇 사람만이 가능한 방법은 현실과는 동떨어져 보였다. 그 고민의 결과가 바로 이 책에서 소개하는 '쓱툭 영어 공부법'이다.

1) 책을 통해서 효율적인 학습방법과 함께 워크북 교재를 만날 수 있다.
2) 스마트폰을 이용해서 언제 어디서든 들을 수 있는 무료 영상/음성강의도 제공된다.
3) 혼자서 하기 힘든 분들을 위해, 네이버 카페를 통해서 온/오프라인으로 '쓱툭 영어' 활동도 꾸준히 지속할 예정이다.

단순히 '내 방에서 어학연수 가능합니다. 방법을 알려 드리겠습니다. 열심히 해보세요!'라는 말로 끝내기는 싫었다. 실질적인 방법과, 학습을 꾸준히 할 수 있는 강의, 그리고 온라인 친구들을 함께 만들어서 누구나 할 수 있게 만들었다.

이제 맛있게 먹을 수 있는 영어 밥상이 차려졌다. 이제까지 여러 번 포기했던 분들도 마지막이라고 생각하고 영어 공부를 다시 시작해 주셨으면 좋겠다. 책을 읽는 독자 한 분 한 분이 '쓱툭 영어 공부법의 성공 사례'가 될 수 있을 거라 확신한다.

목차

PART 1
환경설정: 실패 없는 영어 공부를 위하여

PART 2
영어 문장: 완전히 내 것으로 만들기!

PART 3
OUTPUT: 이제는 영어로 말을 해보자!

PART 4
영어 슬럼프 극복하기

PART 5
영화로 영어의 핵 완성하기

PART 6
실전 워크북

한 장으로 마스터하는
매일 1시간 쓱 보면 툭 나오는 영어 비법

내가 영어를 못 하는 이유

꾸준함

수박 겉핥기식의 INPUT

OUTPUT을 해본 적이 없음

해결책

꾸준함

올바른 INPUT

내 위치 설정

L.B.T (Learning By Teaching)

영어의 멜로디로 말하기

목표 & 시간설정

큰소리 연습 & 녹음

감정이입해서 말하기

사랑 설정

올바른 복습

아는 말로 말하기

내방에서 말하기 연습

바꿔 말하기

Self Question

실전 말하기

고정관념 버리기

유창하게 말하는 것이란?

낯선 사람들

정확성에 대한 강박관념

실천편(워크북)

영어 계획서
작성하기

올바른 INPUT 넣기

책, 음성 강의, 온/오프라인 스터디

아는 말로 말하기

바꿔 말하기

Self Question

실전 말하기

환경설정

실패 없는
영어 공부를 위하여

이유 없이 오는 병이 없고, 이유 없이 찌는 살이 없듯
당신의 영어 공부가 늘 시작과 함께 흐지부지 끝나는 데도 다 이유가 있다.

여기서 힌트!
첫 출근한 날, 새로운 생활의 터전으로 이사한 날, 휴대폰을 처음 개통한 날,
컴퓨터나 가전제품을 구입한 뒤 우리가 가장 먼저 하는 것은?
그렇다.
바로 환.경.설.정
"누가 이렇게 공부해서 효과를 봤다더라."로 시작된 영어 공부는
"나는 왜 이 모양 이 꼴인가. 역시 난 영어랑 안 맞아."로 끝날 확률이 99.9%다.
영어 공부에도 당신에게 최적화된 환경설정이 필요하다.
이 책이 영어 공부를 단지 시작하는 데 한 파트를 할애하는 이유가 여기 있다.
제대로 된 시작이 당신의 작심삼일을 원천봉쇄해줄 것이다.
매일 한 시간 쓱 보기만 해도 툭 영어가 나오는 비결이 바로 여기 있다!

PART 1

1단계. 마음 설정

나도 영어를 잘 할 수 있다

한국에서 영어 공부를 한다는 친구들을 보면 일단 의심부터 들었다. 주변을 아무리 둘러봐도 영어를 잘하는 친구들은 해외를 다녀왔거나, 언어적 재능이 뛰어나 보이는 친구들뿐이었기 때문이다. 물론 이론적으로는 불가능한 이야기는 아니다. 하지만 그게 내 이야기가 될 가능성은 없다고 생각했다.

하지만 아이러니하게도 그런 내가 지금은 영어 스피킹 코치로 활동하고 있다. 온라인과 오프라인상으로 다양한 사람들에게 영어를 가르치고 있다. 종종 영어 때문에 고민인 분들을 만나서 상담을 하는데, 그때마다 '과거의 나'를 만나는 느낌이 든다. 다른 모든 것에는 긍정적이어도 영어에 있어서는 비관적이었던 나의 모습 말이다.

영어를 할 때 가장 필요한 것은 '나도 영어를 잘 할 수 있다'는 믿음이다.

한국에서도 충분히 영어를 잘 할 수 있다는 믿음.

제대로 된 방법대로 한다면 나도 충분히 할 수 있다는 믿음.

하지만 대한민국 영어 학습 환경을 생각해볼 때 이런 믿음을 가지고 있는 사람이 얼마나 될까? 믿음 대신 영어 공부에 대한 부담감과 두려움만 짊어지고 사는 사람이 대부분일 것이다.

나 역시 그런 사람 중 하나였다. 언제나 다른 사람들처럼 영어를 잘하고 싶은 마음은 늘 가지고 있었다. 그 이후에 시도했던 대부분의 시도는 실패로 돌아갔고 그럴 때마다 좌절했다. 여러 번 실패하면서 아까운 돈과 시간을 낭비했다. 희망을 점점 잃어가는 찰나 한 번의 성공을 거두었다. 이 덕분에 이전까지의 실패는 아름다운 시행착오가 되었다. 그리고 이제는 주변 사람에게 웃으면서 그것을 말할 수 있게 되었다.

하지만 모든 사람이 나와 같은 시행착오를 겪을 필요는 없다고 생각한다. 영어 공부 외에도 할 일이 태산인데 언제까지 영어 공부를 붙잡고 있을 수는 없기 때문이다. 그렇게 붙잡아서 성공한다면 다행이지만, 실패를 계속 경험한다면 무기력해지고 소극적으로 변할 수 있다. 게다가 오랜 시간과 노력을 영어에 투자했는데 영어로 말할 수 없다면 좌절에 빠질 수밖에 없다. 어떻게 하면 최소한의 시행착오를 겪고 빠르고 효율적으로 영어를 공부할 수 있을까? 이 책이 그 방법에 대한 대답이 되었으면 하는 바람이다.

물론 쉬운 길은 아니다. 하지만 경험상 그렇게 어렵거나 고된 과정도 아니다. 제대로 된 방법과 꾸준함만 있으면 누구나 할 수 있는 일이다.

예전에는 영어를 독한 사람들만 할 수 있는 일로 여겼다. 하지만 방법이 다듬어지고 환경이 조성되면서 이제는 일반 사람에게도 충분히 가능한 길이 되어가고 있다.

이번 한 번만 마지막이라도 생각하고 도전해 보자. 올바른 길로 안내하는 지도를 가지고 떠난다면 이제까지와는 다른 결과를 얻을 수 있을 것이다.

나에게는 세 명의 멘토가 있다

초등학교 시절 크게 넘어진 이후 자전거와 완전히 이별을 하고 지내던 내게, 다시 할 수 있다는 용기를 낼 수 있도록 도움을 주고, 결국 자전거 마니아의 세계로 이끌어 준 자전거 멘토. 그의 직업은 자전거 자체와는 전혀 거리가 멀다. 그저 자전거를 많이 사랑하고 즐길 줄 아는 40대 초반의 연예인이다.

다음은 수영 멘토. 초등학생 때 수영을 배우다가 귀에 생긴 염증이 악화돼서 지독하게 고생을 한 이후 물에 들어가는 것 자체를 멀리하던 나를, 다시 수영의 세계로 이끌어 주고 결국 철인 3종 완주라는 또 하나의 도전을 성공적으로 마칠 수 있도록 해준 분이다. 그의 직업은 전문 수영 강사가 아니다. 자신의 꿈을 이루기 위해 고군분투하는 30대 초반의 취업 준비생이었다.

마지막으로 영어 멘토. 그는 전문 영어 교육자가 아니다. 영어를 중심으로 여러 언어의 학습 방법을 독학으로 익히고, 커리큘럼 자문과 교육 브랜드 전략을 제시하는 일을 하는 40대 중반의 사업가이다. 어렵게 떠낮던 미국횡단여행에서 오히려 자신감을 완전히 상실하고 영어인의 꿈을 포기할 뻔 했던 나를, 지금의 영어스피킹 코치가 될 수 있도록 이끌어 주었다.

내게 새로운 전환점을 마련해 준 세 명의 멘토들은 그 분야의 전공자는 아니다. 탁월한 재능이 있거나 뭐든지 잘하는 천재도 아니다. 하지만 올바른 방향설정과 꾸준함으로 그 분야의 전문가가 될 수 있었다.

영어 정복여행, 철인 3종 경기 등의 경험을 통해 무엇을 시작하기에 늦은 나이는 없는 거라는 사실을 알게 되었다. 보통 영어는 어릴 때 하지 않으면 한계가 있다는 말을 많이 한다. 그래서 20대가 넘어서면 이미 늦어서 영어로 말하는 것이 불가능하다고 하는 사람도 있다. 하지만 절대 그렇지 않다.

나도 '쓱툭 영어' 프로젝트를 진행하면서 많은 사람들을 만났다. 영어 때문에 창피를 당한 적이 있고, 그로 인해 주눅 들어있던 분, 무언가 해보려고 할 때마다 '영어능통자' 라는 자격조건 때문에 포기했던 분, 시험점수는 꾸역꾸역 만들었지만 영어로 말하기는 자신이 없는 분… 모두 언어적 재능과는 거리가 멀었지만 영어 정복여행을 성공적으로 완주할 수 있었다. 그 분들을 이끌면서 다시 한 번 느낀 것은 '꾸준함'과 '방향설정'의 힘이다. 늦은 나이라는 것은 없다. 언어적 재능이 없어서, 영어 전공자가 아니어서 겁낼 필요는 전혀 없다. 지금 당장 영어를 시작하자.

Tip

내 마음 설정하기

1. 내가 생각하는 '내가 영어를 못 하는 이유'에 체크하고
   그 이유에 대해 구체적으로 써보자.

□ 시간이 없어서 (_____)

□ 돈이 없어서 (_____)

□ 영어가 싫어서 (_____)

□ 자신이 없어서 (_____)

□ 영어 공부에 지쳐서 (_____)

□ 어떻게 공부할지 몰라서 (_____)

□ 의지가 약해서 (_____)

Tip1. 영어 공부를 시작하기 전에 자신이 갖고 있는 영어에 대한 거부감과 부정적인 생각을 바꾸는 것이 매우 중요합니다. 자신에게 무리가 되지 않는 방안을 찾아 작은 것이라도 실천해 나가면서 영어에 대한 거부감을 점차 지워나가다 보면 영어 공부에 재미를 느끼게 될 것입니다. 해외여행이나 취업 등 '그럼에도 불구하고 영어를 잘하고 싶은 이유'를 잘 정리해 보는 것이 동기 유발에 큰 도움이 됩니다.

2. 자, 이제 자신이 쓴 내용을 아래 표에 정리해보자.

내가 영어를 못 하는 이유	그럼에도 영어를 잘하고 싶은 이유	개선/실천 방안

매일 1시간 쓱 보면 툭 나오는 영어 공부법

Tip2. 시간이나 돈이 부족해 학원이나 어학연수에 갈 수 없는 사람이라면, 큰 이동 없이 짧은 시간이라도 매일 꾸준히 공부할 수 있는 방안을 찾아야 합니다. 온라인 강의나 좋은 교재를 통해 공부하는 것이 효과적입니다.

영어가 싫거나, 자신이 없거나, 영어 공부에 지친 사람이라면, 영어 공부를 해야 하는 이유를 늘 상기해야 합니다. 너무 높지 않은, 단기적인 목표를 세워 조금씩 해나가면서 성취감을 느낄 수 있게 계획을 세우는 것이 좋습니다.

어떻게 공부해야 할지 모르거나, 의지가 약한 사람이라면 자신을 독려해줄 수 있는 멘토나 코치와 함께 공부해 나가는 것이 도움이 됩니다. 스터디 그룹에 참여해 여러 사람의 독려를 받으며 과제를 수행해 나가는 것도 좋습니다.

2단계. 목표 설정

나는 누구, 여긴 어디?
대체 무엇을 위한 영어 공부인가?

되돌아보면 어린 시절부터 영어 공부를 꽤 오랫동안 해왔다. 초등학교와 중고등학교를 지나서 대학교까지 10년이 훌쩍 넘는 시간이었다. 물론 열심히 한 적은 거의 없었지만 그래도 손에서 놓지는 않았다. 하지만 생각해보면 영어 공부를 왜 하는 것인지 진지하게 생각해본 적은 없었다. 그냥 남들도 다 하기 때문에 시작했고 계속해서 이어왔다.

부모님이 시키니까 어쩔 수 없이 시작했었다가 나중에는 시험 점수를 잘 받기 위한 공부로 이어졌다. 당시에는 해외로 가는 친구들도 많이 없었고 외국인을 만날 기회도 드물었다. 학교에서 시켜서 꼭 해야 하는 영어수업과 시험이 전부였다. 그러다 보니 다른 것은 생각하지 못했다. 물론 TV나 책에서 여러 가지 성공 스토리를 보여주기도 했지만 너무 멀어 보이는 목표였다.

그러다 보니 시험 점수를 잘 받기 위한 '찍기식 영어 공부'에만 열중했다. 성인이 되어서까지 그 습관은 이어졌다. 토익이나 토스 등 시험 점수를 잘 받는 것에만 온 신경이 집중되었다. '영어 말하기'에 대한 필요를 막연하게 느끼기는 했지만 계속해서 미뤄두었다. 그러다 마주하게 된 것은 2주일간의 유럽여행이었다.

군대를 전역한 후, 친구와 함께 어릴 때부터 로망이었던 유럽여행을 떠났다. 다양한 나라의 친구들을 만나서 서로의 나라에 대해서 이야기를 하고, 함께 맛있는 것을 나눠먹고, 다음에 꼭 보자고 아쉬워하고. 예전부터 한 번은 꼭 해보고 싶은 나의 로망이었다. 드디어 나의 꿈이 실현된다고 생각하니 가슴이 벅차올랐다. 그렇게 행복한 상상들과 함께 비행기에 올랐다.

하지만 현실은 내가 생각한 것과 많이 달랐다. 말이 전혀 통하지 않으니 길을 물어보는 것조차 굉장히 힘이 들었다. 식당에서는 말이 안 통하니 간단한 음식 주문도 너무 힘들었다. 외국인과 친해지기는커녕 오히려 그들이 먼저 다가올까봐 땅만 쳐다보고 다녔다. 내가 10년이 넘게 공부했던 '영어'는 유럽에서 전혀 쓰이지 않았다.

'내가 10년 넘게 공부했는데 지금 뭐 하고 있지… 비싼 비행기 값을 주고 여기까지 와서 왜 이러고 있지…'

이런 생각이 들면서 너무 부끄러워졌다. 말도 안 통하는데 실수라도 하면 큰일 날까봐 걱정을 하고 있는 내 모습이 못나보였다. 숙소에 와서 곰곰이 생각했다.

'나는 왜 영어 공부를 했던 것일까?'

그때부터 실제로 소통할 수 있는 영어를 해야겠다고 생각했다. 그리고 종이에 나의 목표를 적어나가기 시작했다.

'내가 하고 싶은 말을 어떻게든 전달할 수 있는 그런 영어를 만들자. 어떤 상황에서도 불안해 지지 않는 그런 자신감을 쌓자. 그래서 다음 해 외여행에는 혼자 해외여행을 가서 영어로 부딪혀 보자. 현지인에게 모르는 길을 묻고, 유명한 식당도 물어보자.'

누가 시켜서 하는 영어. 시험공부를 위한 영어를 더 이상 할 수는 없었다. 제대로 된 목표를 갖는 것이 가장 첫 번째로 해야 할 일이었다.

이런 목표의 중요성은 예비군 훈련장에서도 강하게 느꼈다. 제대 후 처음 예비군 훈련장을 갔을 때 정말 많이 놀랐다. 눈은 풀려 있고, 의욕이라고는 한 톨이라고 찾아볼 수 없는 예비군들이 여기저기에 앉아 있었기 때문이다. 통제를 하는 조교의 말은 귓등으로 들은 채 좀비 같은 모습으로 훈련장을 배회했다. 그런데 몇 년 후 예비군 훈련이 개편되면서 많은 부분들이 바뀌면서 훈련 모습도 달라졌다. 바뀐 부분 중 가장 큰 것은 '빨리 끝나는 조는 빨리 귀가하는 시스템'이었다.

기존의 예비군 훈련은 열심히 해도 보상이 없는 구조였기 때문에 열심히 할 이유가 없었다. 하지만 바뀐 시스템 안에서 우리는 '빨리 집에 간다.'는 목표가 생겼다. 이 단순하고 명확한 목표에 우리 조 팀원들은 열의에 찬 모습으로 훈련에 집중하기 시작했고, 결국 1등으로 집에 가는 영광을 누릴 수 있었다. 그 때 반짝반짝 빛나는 우리의 모습을 봤다면 예비군은 나태한 집단이라는 말을 절대 하지 못할 것이다.

예비군의 '조기 귀가'처럼 나에게도 '편하게 아는 말로 내뱉을 수 있는 영어실력 만들기'라는 목표가 생겼다. 그 이후로 의미 없는 시험공부를 멈췄다. 그리고 중요한 것부터 하나씩 우선순위를 정리할 수 있었다.

물론 이런 목표를 향해 갈 때도 어려움이 많았다. '시험공부부터 해야지!'라는 주변의 유혹도 있었고 '그게 가능해?'라는 의심스러운 시선도 있었다. 예전 같았으면 흔들렸겠지만 유럽여행의 뼈아픈 기억과 확실한 목표가 있기 때문에 계속해서 직진할 수 있었다. 그로부터 2년이 지난 2012년. 한층 성장한 영어 실력과 함께 미국으로 다시 여행을 떠날 수 있었다.

가슴이 뛰는 목표가 진짜다

목표를 세울 때 가장 먼저 한 일은 '나와 같은 환경의 사람들이 어떻게 영어 공부를 했는지.' 알아보는 일이었다. 한 번 쓴맛을 본 만큼 제대로 된 목표를 세우고 싶었기 때문이다. 다양한 책에서 말하는 내용은 조금씩은 다르지만 큰 틀에서 보면 비슷했다.

'정말 네가 원하는 것을 생각하고, 그에 맞는 목표를 세워라.'

영어뿐만 아니라 일본어나 중국어와 같은 다른 외국어나 운동을 가르치는 사람들도 동일하게 말했다. 보고 생각하는 것만으로도 가슴이 두근대는 목표를 세우라는 것이다. 곰곰이 생각해보니 이제까지 나는 그런 목표를 세운 적이 없었다. '시험 100점 받기'라던가 '영어 초보 탈출!'과 같은 단순한 목표만 생각했던 것이다. 물론 그런 목표는 내 가슴을 전혀 뛰게 하지 못했고, 더 열심히 하겠다는 의지도 생기지 않았다.

영재발굴단에 나온 영어 신동 '백태현' 어린이는 짐 캐리를 너무 좋아해서 그가 나온 모든 영화를 수없이 봤다고 했다. 짐 캐리와 같이 말하고 싶어서 같은 영화를 반복해서 보고 따라했다. 심지어는 그가 나온 모든 토크쇼를 찾아보기까지 했다. 짐 캐리가 너무 좋아서 똑같이 말해보고 싶었다는 그 친구의 눈빛이 너무나도 반짝반짝 빛나 보였다.

나의 목표와 백태현 어린이의 목표는 출발점부터 달랐다. 물론 '영어초보 탈출!'이 잘못된 목표는 아니지만 감정을 움직이기에는 많이 부족했던 것이다. 그렇다고 나도 똑같이 '짐캐리처럼 말하기!'를 목표로 잡을 수도 없었다. 성향과 관심사가 전혀 다른데 똑같은 목표를 잡을 수는 없기 때문이다.

내가 좋아하는 것.
내 가슴을 뛰게 하는 것.
이것만 상상해도 절로 몸이 움직여지는 것.

이런 것들을 계속해서 생각하다보니 목표가 조금씩 구체화되기 시작했다. 가장 먼저 하고 싶은 것은 '혼자 떠나는 해외여행'이었다. 가이드 없이 해외여행을 떠나서 현지인들과 자유롭게 대화할 수 있고, 직장에서 외국인을 만나는 상황 속에서도 자연스럽게 소통할 수 있는 영어. 그리고 내가 공부한 내용을 잘 정리해서 한 권을 책으로 엮어내고 싶었다. 어릴 적부터 꿈꿔 왔던 '선생님'이란 꿈을 조금은 실현할 수 있을까 하는 생각에서였다.

생각만 해도 설레는 마음이 들었다. 그 이후 종이에 이런 목표를 적어놓고 가끔 힘들 때마다 봤다. 그러면 결승선에 한 바퀴를 앞두고 마지막 힘을 짜내 전력 질주하는 마라톤 선수처럼 힘이 나고는 했다.

그러기 위해서는 '편하게 아는 말로 내뱉을 수 있는 영어실력'을 만드는 게 필수적이었다. 그 지점을 지나지 않으면 내가 하고 싶은 것들을

매일 1시간 쓱 보면 툭 나오는 영어 공부법

할 수 없기 때문이다. 이렇게 목표를 확실히 정하고 나니 앞으로 가야할 길이 명확해졌다. 올바른 목표가 있으면 멀리 돌아가지 않고 직진으로 빠르게 갈 수 있다. 영어 말하기를 잘 하고 싶은 사람이라면 무엇보다 '영어 말하기'를 많이 연습해봐야 한다. 이러한 단순한 사실부터 시작하는 것이다. '목표'는 내 영어의 시작점이 되어 주었다.

하루를 살자 (큰 목표의 단점을 보완하는 세부 목표)

하지만 이렇게 큰 목표를 세운 뒤에도 번번이 미끄러지기 일쑤였다. 당장 바쁜 일이 있으면 영어는 잠시 미뤄두고 다른 일을 하는 것이 반복되었다. 목표가 너무 멀게 느껴지니 동기부여가 되는 게 아니라 오히려 포기하고 싶은 마음이 들었다. 정말 영어 성공기에 나오는 독하고 의지력이 강한 사람들만이 도달할 수 있는 지점처럼 보였다.

그럴 때 알게 된 것이 큰 목표의 단점을 보완해 주는 세부 목표이다. 한 달, 일주일, 하루 단위로 쪼개서 해야 할 일을 정하는 것이다. 내가 처음에 목표로 했던 것은 '영화 한 편 외우기'였다. 영화 한 편에 나오는 문장이 약 2000문장 가까이 되었는데, '한 문장 외우는 것도 힘든데 언제 이걸 다할까…'하는 생각에 시작하는 것조차 힘들었다.

그래서 매일 할 수 있는 구체적이고 현실적인 목표를 세웠다. 당시에 미국여행을 계획한 날짜까지는 약 8개월 정도가 남아 있었다. 그래서 넉넉히 생각해보니 하루에 5문장 정도만 꾸준히 하면 목표점에 도달할 수 있을 것 같았다. 난이도에 맞는 영화를 다시 선택한 다음, 20조각으로 분할했다. 그리고 '매일 내가 정한 교재에 있는 다섯 문장을 완전히 외우자!'라고 마음먹었다.

불가능해 보였던 목표가 실현 가능한 목표로 바뀐 것이다. 나도 할 수 있을 것 같다는 자신감이 생기기 시작했다. 여러 시행착오를 거치면서 노하우도 생겼다. 언제, 어디에서 공부할 건지 적어두고 매일 일지를 쓰면서 피드백을 하니 실천하기가 더 쉬워진 것이다. 자기계발서를 읽을 때마다 '이런 거 다 아는 건데…'라고 생각하면서 넘긴 부분들이 조금씩 도움이 되기 시작했다. 그렇게 한 달을 채우니 성공의 씨앗이 내 마음속에 생기기 시작했다. 작은 성공을 이루면서 자신감이 생긴 것이다.

이렇게 목표를 세분화하여 단기 목표를 세우니 처음으로 '성공'이 주는 기쁨을 누릴 수 있었다. 사실 이전까지 영어책 한 권을 제대로 외워본 적이 없었다. 학교 수업에 학원 수업까지 들었지만 항상 그때뿐이었다. 하지만 하나의 교재를 완전히 내 것으로 만드니 이전과는 전혀 다른 느낌이 들기 시작했다. 완벽하지는 않았지만 말하는 게 더 편해진 것이다. 앞으로 어떻게 해야 할지 조금씩 감이 잡히는 것 같았다.

이런 작은 성공은 멀어 보이는 큰 목표에 대해 담담한 마음을 갖게 도움을 주었다. '영화 한 편 외우는 거 생각보다 어렵지 않을 것 같은데?'라는 생각이 들었다. 많은 학생들을 만나다 보니 이런 생각을 가지고 있는 사람들은 높은 확률로 원하는 목표를 얻는다. 성공의 씨앗을 만드는 게 어렵지 그다음부터는 직진으로 쭉 가면 되기 때문이다. 산 아래에서 정상을 보는 것과 산 중턱에서 산 정상을 보는 것은 전혀 다르다. 조금 더 시야가 넓어지고 편안한 마음으로 영어를 바라볼 수 있다.

사실 이런 '작은 성공'을 다시 한 번 느낀 것은 철인 3종 경기에 도전하고 난 이후였다. 20대 초반부터 항상 버킷리스트에 '철인 3종 경기 완주'를 적어놨지만 제대로 된 실천으로 이어진 적은 없었다. 부족한 연습과 도전에 대한 두려움 때문에 대회가 다가오면 신청을 취소했기 때문이다. 수영과 자전거 달리기를 한꺼번에 해야 한다는 사실이 너무 막막하게 느껴졌다. 사실 어릴적 안 좋은 기억 때문에 수영과 자전거에는 트라우마도 가지고 있었다. 초등학생 때 수영을 배우다가 귀에 생긴 염증이 악화돼서 지독하게 고생을 한 이후 물에 들어가는 것 자체를 멀리했고, 자전거를 타다가 크게 넘어진 이후 자전거는 쳐다도 보지 않은 상태였다.

그래서 오히려 큰 목표를 잠시 잊고, 작은 목표부터 하나씩 달성하기 시작했다. 상상유니브 자전거 클래스에 들어가서 꾸준히 자전거를 탔고, 친한 형의 도움을 받아서 수영장에서 기본기부터 다시 배웠다. 그렇게 연습을 하다보니 자연스럽게 자신감이 붙기 시작했고 '나도 철인 3종 경기에 완주할 수 있지 않을까?'라는 기대도 생기기 시작했다. 그 이후에는 신청 취소 버튼을 누를 필요가 없었다.

실제 대회에서도 포기하고 싶은 순간들이 많았지만, 멀리 있는 결승선보다는 눈앞의 한걸음에만 집중했고 무사히 제한 시간 안에 완주할 수 있었다. 이러한 작은 목표 덕분에 현재까지 3번이나 철인 3종 경기 완주에 성공했고, 올해도 물론 새로운 철인 3종 경기에도 참가할 예정이다.

영어 코치가 된 이후로는 '영어핵 원정대', '100일의 도전' 등 다양한 프로젝트를 진행했었다. 그분들에게 '영어책 한 권 외워봅시다!'라고 하면 표정이 갑자기 어두워진다. 처음에 그 말이 진짜 이루어질 것을 믿는 사람은 나밖에 없었다.

그래서 이런 프로젝트를 할 때는 큰 목표와 세부 목표를 적는 것을 부탁한다. 물론 어색하고 귀찮아서 '이거 꼭 해야 하는 건가요?'라고 묻는 분들도 간혹 있다. 하지만 나중에는 스스로 효과를 느끼고 난 이후에는, 영어뿐만 아니라 다른 일을 할 때도 목표를 세우는 것을 잊지 않는다.

특히 혼자가 아니라 같이 하는 사람들이 있으면 더 효과적이다. 비슷한 목표를 서로 공유하면 동기부여가 더 잘 되기 때문이다. 같은 공감대를 가지고 이야기를 하다 보니 마음이 편안해지는 것 같다는 말도 많이 들었다.

3개월 정도 되는 원정대를 지속하다보면 가장 힘든 부분은 꾸준히 숙제를 아무리 의지를 다져도 회식과 약속 등이 겹치면 마음이 약해지기 쉽다. 그럴 때 가장 많이 했던 말이 있다.

"오늘 숙제만 해주세요!"

마지막 날 학습자 분들이 항상 이런 말을 한다.

"바로 앞에 있는 숙제를 하기에 급급했을 뿐인데… 어느새 영어로 말하고 있네요. 신기해요!"

올바른 방향설정에 적절한 목표를 세운다면 영어로 말하는 것은 절대 불가능한 일이 아니다.

영어 유튜버가 되겠다

요즘에 영어 유튜버가 되기 위해서 영상을 공부하고 있다. 하지만 한 가지 고백할 것은, 1~2년 전에도 똑같은 말을 했다는 것이다. 그 전에는 너무 막연한 목표를 가지고 있었기 때문에 시작하는 게 힘들었다. 그냥 요즘에 유튜버가 대세니까 해보는 게 좋을 것 같다는 생각이 들었다. 그리고 이왕 하는 거니 유명 유튜버들처럼 잘 만들고 싶기도 했다. 그럼 마음으로 영상을 만들려고 하니 시작부터 힘들었다.

비싼 카메라부터 조명에 마이크까지. 필요한 게 한두 가지가 아니었다. 괜히 준비도 안 된 상태에서 막연히 뛰어들었나 하는 자책감도 들었다. 누가 물어보면 '아… 하려고 했는데 아직 카메라를 준비 못 해서 말이야.'라고 말하면서 그 상황을 회피했다. 계속 미루고 미루다 보니 스스로가 한심하게 생각되기 시작했다.

그러다가 선택한 방법은 현실 도피. '유튜버는 영상 관련 학과를 나오거나 금손을 가진 사람들이 하는 거야.' 이렇게 생각하니까 마음이 조금 더 편해졌다. 그 모습은 영어는 해외에 살아야만 잘 할 수 있다는 생각을 가진 10년 전의 성재원과 똑같았다. 똑같은 실수를 반복할 수는 없었다. 다시 마음을 가다듬고 '영상 정복'을 위한 목표부터 다시 정했다.

'기본적인 편집 방법을 잘 활용해서, 깔끔하게 영상을 편집하자.'

이렇게 생각하니 두꺼운 영상 책을 모두 외울 필요는 없었다. 짧은 기간 동안 영상 수업을 받으면서 꼭 필요한 부분만 배웠다. 그리고 배운 내용을 바탕으로 다양한 영상을 직접 만들어 보기 시작했다. 내가 만든 영상이 마음에 들지 않을 때도 있었지만 크게 개의치 않았다. 영상이 나의 주 업무가 아니기 때문에 꼭 전문적으로 잘 할 필요는 없었기 때문이다. 그렇게 여러 번 시행착오를 반복한 결과 무사히 '유튜버'로 안착할 수 있었다.

★ 유튜브에서 [쓱툭 영어]를 검색하시면 해당 채널을 만나보실 수 있습니다.

3단계. 시간 설정, 사람 설정

나는 작심삼일의 아이콘

나는 작심삼일의 아이콘이다.

몸짱이 되겠다고 헬스장에 다닐 때도 그랬고, 학교에서 시험을 볼 때도 늘 미루고 미루다가 벼락치기를 하기 일쑤였다. 한 번은 TV에서 멋있게 권투를 하는 김종국의 모습이 멋있어 보여서 아는 형과 함께 복싱장으로 찾아갔다. 그냥 상담만 하고 나오려고 했지만 관장님의 뜨거운 눈빛(?)에 혹해서 덜컥 30만원을 주고 3개월을 등록했다. 살짝 불안한 마음이 들었지만 '이번만은 다르겠지'라는 기대도 있었다. 하지만 한 달 후부터 이런저런 일(?)이 생겨서 복싱장을 멀리하게 되었다. 결국 복싱은 아직도 나의 버킷리스트 목록에 자리하고 있다.

내가 어릴 때부터 늘 달고 살던 말은 '독하지 않다', '꾸준함이 부족하다'이다. 의무적으로 해야 하는 일은 어찌어찌 해냈지만, 스스로의 힘으로 뭔가를 이뤄낸 적은 없었다. 당연히 새로운 도전을 할 때도 설레임보다는 걱정이 앞섰다. 이번에도 작심삼일로 끝나고 돈과 시간을 낭비할 것 같았기 때문이다. 그래서 영어 공부도 크게 기대하지 않았다.

하지만 어느 순간 정신을 차려보니 내가 영어로 말을 하고 있었다. 영어라는 끝이 없어 보이는 마라톤에서 첫 번째 완주를 해낸 것이다. 항상 나를 무겁게 짓누르던 '영어'라는 감옥에서 해방될 수 있었다. 해외에 나가지 않고 한국에서 해낸 성과이기에 더욱더 값지게 느껴졌다.

되돌아보면 초반 3개월 동안은 정말 영어에 푹 빠져 살았었다. 하루에 한 시간 영어 공부를 하는 것도 힘들어했던 내가 하루에 6시간 이상 영어 말하기를 연습했다. 영어로 외국인과 소통하는 나의 모습을 보면서 많은 지인들이 놀라워했다. "어떻게 영어 공부를 했어?"라는 질문에 이렇게 대답했다.

"보통 아침 6시 30분에 알람을 들으면서 일어나요. 아침 8시에 하는 스터디를 하러 가면서 그날의 과제를 한 번 더 복습합니다. 그리고 8시부터 9시까지 영어 스터디에 참가합니다. 스터디에서 사람들과 공부한 내용들을 서로 나누면서 한 번 더 복습하는 시간을 가져요. 그리고 다음 날 숙제를 정하면서 마무리해요.

그 후에는 다른 활동을 하러 가는 이동 시간과 같은 자투리 시간을 적극 활용해서 숙제를 했어요. 스마트폰과 노트북을 이용해서 계속 영어를 듣고 말하는 것을 반복하고, 외운 내용들을 써보기도 하죠. 의지력이 약해질 때면 알람을 활용하기도 했어요. 15분 후에 '영어 공부 할 시간이야!'라는 글과 함께 알람을 맞춰두는 거죠. 그렇게 하면 정신이 번쩍 들거든요.

이렇게까지 한 이유는 데드라인이 있었기 때문이에요. 그날 밤 12시까지 공부한 내용들을 일지로 작성해서 인터넷 공간에 올려야 했거든요. 벌금을 내기 싫어서 열심히 한 것도 있지만, 나만 숙제를 하지 않으면 소외되는 기분이 들었거든요. 그래서 어떻게든 숙제를 해내려고 노력했어요. 물론 처음에는 힘들었지만 하다 보니까 적응이 되더라고요. 사람들과 함께 하다 보니 즐겁게 할 수 있었어요."

이 글 속에 대부분의 힌트가 들어가 있다. 내가 영어를 잘 하게 되었던 것은 우연도 아니고, 언어적 재능이 뛰어나서도 아니었다. 그냥 묵묵히 매일을 보냈기 때문이다. 영어로 무언가를 듣고 말하면서 말이다.

한국인에게 영어는 '10년 넘게 했음에도 불구하고 매듭 짓지 못한 숙제'처럼 느껴진다. 한국 사람이라면 누구나 영어 공부를 조금이라도 한다. 하지만 영어로 자신이 원하는 말을 자신 있게 할 수 있는 사람은 극히 드물다. 그렇기 때문에 영어를 잘 하는 사람들은 타고난 언어 실력이 뛰어나거나 의지력이 대단한 사람으로 여겨지곤 한다. 특히 외국이 아닌 한국에서 공부한 사람들은 더더욱 그렇다. 하지만 의지력보다 더 중요한 것은 '꾸준함'이라고 생각한다.

영어를 잘 하기 위해서는 매일 꾸준히 하는 것이 필수적이다. 똑같은 것을 계속해서 듣고 따라해야 하고, 여러 번 복습까지 해줘야 한다. 하지만 이러한 과정들은 생각보다 훨씬 지루하다. 많은 한국 사람들이 영어 정복에 도전하지만 번번이 실패하는 이유이다. 그렇다면 한국에서 영어를 잘 하게 된 사람들은 어떻게 해낼 수 있었을까? 내가 생각하는 가장 큰 이유는 '환경설정'이다.

꾸준함을 위한 '시간 설정'

영어 도전을 하는 사람이 열 명이라면, 그 중에 초보 탈출에 성공하는 사람은 한두 명에 지나지 않는다. 영어뿐만이 아니라 대부분의 일들이 그렇다. 새해에 가득 찬 헬스장도 한 달이 지나면 언제 그랬냐는 듯이 텅텅 빈다. 나 또한 여러 가지 도전을 시도했지만 끝까지 간 것은 매우 드물다.

그렇다면 나는 어떻게 영어책 한 권을 끝까지 외울 수 있었을까? 그 해답은 환경 설정에 있었다. 나쁜 습관을 없애고 좋은 습관을 만들어서 꾸준히 할 수 있게 만드는 것이다. 그런 꾸준함이 있다면 영어 정복여행을 완주하는 것도 어렵지 않다. 개인적으로도 가장 효과를 보았고, 많은 학생 분들에게도 가장 큰 효과가 있었던 세 가지 환경설정은 아래와 같다.

1. 자투리 시간 활용하기

'스스로 연습하는 시간 확보하기'는 언제나 따라오는 문제다. 아무리 좋은 수업을 듣고 스터디에 참여한다고 해도 스스로 공부하는 시간이 없으면 실력이 늘지 않는다. 처음 스터디에 참여할 때는 '저 바빠서 숙제를 못 해왔어요.'라고 말하는 경우가 많았다. 하지만 그러한 변명을 대는 것도 점차 부끄러워졌다. 그런 핑계를 대기에는 나보다 다른 분들이 훨씬 더 바빠 보였기 때문이다. 특히 회사에 다니면서 자녀들을 돌보는 3~40대 분들을 보고 난 후 '시간이 없다'는 말을 할 수가 없었다. 그 때부터 그분들이 어떻게 시간을 확보하는지 유심히 관찰했다.

그런 분들은 기본적으로 '자투리 시간 활용'의 대가였다. 출퇴근하는 시간, 약속 기다리는 시간 등 잠깐 나는 시간을 그냥 낭비하지 않았다. 스마트폰을 가지고 늘 중얼중얼 영어를 말하곤 했다. 따로 책상에 앉아서 연습할 시간이 없으니, 버리는 시간들을 최대한 활용한 것이다. 그렇게 차곡차곡 모으니 하루에 짧으면 30분에서 길면 1시간 이상 시간을 확보했다. 그리고 그 시간들은 습관적으로 '영어 학습'에 투자했던 것이다.

예전에는 시간이 넉넉하다는 생각에 오히려 더 낭비를 했다. 영어 공부가 싫어서 저녁까지 미루고 미루다가 다음 날로 넘겨버리기 일쑤였고, 나중에 하루에 총 공부한 시간을 확인해보니 한 시간도 채 되지 않았다. 다른 사람들보다 시간은 훨씬 많았지만, 효율적으로 사용하지 못했던 것이다.

자투리 시간을 습관으로 만들기 위해 나만의 루틴을 만들어서 매일 영어 공부를 시작했다. 그 결과 아무리 바쁘고 약속이 많아도 하루에 30분에서 한 시간 정도는 충분히 확보할 수 있었다. 더 이상 '바빠서 숙제를 못 해왔어요.'라는 말을 할 일이 없어졌다.

〈코치 재원의 영어 학습 루틴 예〉

출근하는 지하철 안에서 스마트폰 활용해 오늘 분량 3회 따라 하기 → 점심시간 10분 투자해서 연습한 내용 한 번 써보기 → 퇴근 후 집 한 바퀴 돌면서 오늘 배운 내용 암기해서 말해보기 → 자기 전 마지막으로 TEST보기

매일 자리에 앉아서 1시간 이상 투자할 수 있는 사람은 많지 않다. 그래서 출퇴근 시간, 약속 전후, 자기 전 등 다양한 자투리 시간을 모아야 한다. 특히 바쁜 직장인들에게 '자투리 시간 활용'은 선택이 아니라 필수이다. 자신만의 루틴을 만들어서 자투리 시간을 적극 활용해보자.

2. 데드라인 만들기

만약 영어 공부가 돈을 받고 하는 일이라면 모두가 성공할 수도 있을 것이다. 주변을 보더라도 외부에서 부여된 데드라인은 어떻게든 해내는 경향이 있다. 하지만 스스로에게 데드라인을 부여하고 꾸준히 하기란 생각보단 쉽지 않다. 특히 그런 행동들이 양치질처럼 습관이 되어있지 않은 경우는 더더욱 그렇다. 이를 해결하는 쉬운 방법 중의 하나는 데드라인을 부여하는 것이었다.

'스파르타'식으로 진행되는 클래스에서는 학습자가 자신의 하루 숙제를 다 끝날 때까지 집에 못 가게 만드는 경우도 있다. 이런 곳에서는 버티는 것만으로도 실력이 굉장히 늘 수 있다. 하지만 나를 포함한 대다수의 사람들은 이런 환경에 들어가는 것이 쉽지 않다. 회사에 다녀야 하고 가족들에게도 신경을 써야 하기 때문이다.

영어는 당장 '생존'에 관련되어 있는 것이 아니기 때문에 이런 데드라인을 만드는 게 쉽지 않다. 이럴 때는 온/오프라인 스터디를 적극 활용하면 좋다. '쓱툭 영어' 같은 프로젝트에 참여해보는 것이다. 벌금제도를 활용해도 좋고, 스스로 공약을 내세워도 된다. 실패가 두려워서 혼자 조용히 시작하기 보다는 주변에 알리면서 시끄럽게 하는 것이 더 효과가 좋았다. 지인들에게 알리는 게 부끄럽다면 모르는 사람들과 함께 시작해보는 걸 추천한다. 물론 가장 중요한 것은 어떻게 되었든 '데드라인'을 만들어 보는 것이다.

3. 일지 작성하기

데드라인 설정을 조금 더 효율적으로 하려면 매일 일지를 적는 것을 추천한다. 일지는 스스로와의 약속과도 같다. 여러 연구결과를 보더라도 그냥 생각하는 것보다 종이에 쓰는 게 효과가 좋다고 한다. 매일 쓰는 일지 양식을 저장해둔 뒤 간단하게 일지를 작성해 보면 좋다. 나는 수업을 진행할 때 학생들에게 일지를 적극 활용하도록 하고 있다. 실제로 일지를 작성하시는 분들이 그렇지 않은 분들에 비해서 훨씬 잘 해내는 것을 볼 수 있다.

★ 영어핵연구소 카페에 오시면 일지 양식 샘플을 보실 수 있습니다.
http://cafe.naver.com/lcjaewon

Tip

일지 샘플
-영어핵원정대 '신지은'님의 일지

1일 5문장 스스로 가르치면서 익힌다.
영어의 핵 구축 준비단계 100문장 기초 훈련!

① 원어민의 음성과 함께 전날 익혔던 문장을 반복해서 말하면서 연습
  장에 써본다.

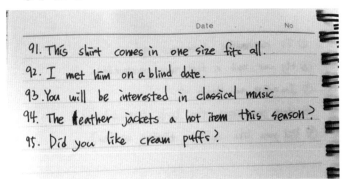

Date .   No
91. This shirt comes in one size fits all.
92. I met him on a blind date.
93. You will be interested in classical music
94. The feather jackets a hot item this season?
95. Did you like cream puffs?

매일 1시간 쓱 보면 툭 나오는 영어 공부법

★ 한국어 문장 보고 바로 영어로 말하고 쓰기!

★ 부족한 부분은 따로 시간 내서 연습해줄 것!

② 코치재원의 L.B.T 음성을 2~4회 반복 청취하면서 스스로 설명하는
요령을 숙지한다.

★ 익숙해질 때까지 반복 청취해 주세요.

③ 숙지한 내용과 학습자가 이미 알고 있는 영어지식을
더해 자신에게 가장 적합한 말투와 내용으로 스스로
에게 설명해준다. (영상을 촬영하면 좋습니다.)

★ 잘 할 필요 없습니다! 더듬더듬 설명하는 걸 올려주시면 OK!

★ 전문 강사가 아니기 때문에 어색함이 있는 것은 당연해요!

★ 여섯 살 꼬마아이에게 설명해 준다고 생각하고 천천히 해주시면
됩니다.

④ 설명하며 기억한 내용을 직접 써보면서 완전히 자신의 지식으로 만
든다.

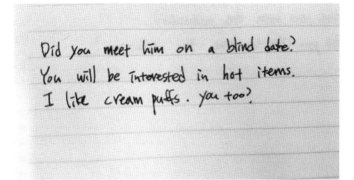

Daily Report

한 달째 내가 가장 많이 달라진 점은 바로 아침 습관이다. Ibt를 하기 위해. 그리고 리듬을 읽히기 위해 지하철을 탈 때마다 듣고 또 듣다보니 어느새 지하철을 타면 자연스레 영어를 듣고 있는 나를 발견한다. 항상 느끼는 것이지만 습관화하기가 가장 어렵다. 하지만 습관화가 되면 그 다음부터는 좀 더 수월해진다. 그래서 그런지 처음 2주는 많이 노력했지만 생각만큼 잘 되지않는 느낌을 받았다면 3주째부터는 자연스레 리듬도 타지고 입에서도 어려움 없이 어느 정도 뱉을 수 있게 되었다. 역시 조급해 하지 말라는 코치님의 말을 믿고 꾸준히 한 결과일 것이다.

하루하루 영어에 많이 매달리지 않았다. 틈틈이 시간 날 때마다. 자기 전. 과제할 때 . 그리고 수업 가기 전ㅎㅎ 영어핵원정대를 하면서 이런 작은 시간들을 많이 활용했다. 내가 영어핵원정대에서 배운 것은 꾸준함. 그리고 작은 시간 활용하기. 이런 것들이 많은 도움이 되었다. 또 제일 큰 한 가지는 재밌는 영어수업시간이다. 내가 가끔 태그에 #재밌는영어 공부 라고 써 놓을 때가 있다. 생각해보면 내가 영어를 공부했던 시간 중에 이렇게 재밌게 영어를 했던 적이 있었나? 되돌아보면 없었던 것 같다. 재밌기 때문에 꾸준해지고 그것들이 습관이 되고, 그래서 또 작은 시간을 활용하며 영어를 했던 것 같다.

아직 많이 부족하고 안 될 때는 힘도 들고 그리고 가끔 오늘은 쉬고 싶다는 생각이 들긴 하지만 꾸준히 달려온 나를 보며, 또 같이 달려주시는 코치님과 원정대분들을 보며 오늘도 열심히 해야겠다는 생각이 든다.

오늘 학습시간: 3시간 30분

총 학습시간: 31시간 10분

지루함을 이겨내는 '사람 설정'

처음에 해외에 가지 않고 한국에서 영어 공부를 하겠다고 마음먹었을 때는 꽤나 의욕이 넘쳤다. 금액적으로 따져도 엄청난 돈을 절약할 수 있을 것이고, 혼자서 해냈다는 자신감도 따라오기 때문이다. 물론 영어를 못하는 상태로 해외에 가려니 조금 두려운 마음도 있었기도 했다. 그렇게 외국인과 자유롭게 얘기하는 아름다운 미래를 떠올리면서 시작했다. 하지만 혼자서 꾸준히 영어 공부를 하는 것은 언제나 쉽지 않은 일이었다. 몸이 피곤하거나 주변의 걱정거리가 생겼을 때마다 영어가 뒷전으로 밀려났기 때문이다.

꾸준함의 가장 큰 적은 무엇보다 스스로 느끼는 '지루함'이었다. 주변에는 온갖 재미있는 것들이 넘쳐나는데 똑같은 영어 문장을 듣고 반복하려니 몸이 견디지 못했다. 열심히인 마음을 몸이 따라주지 못했다. 결국 처음 마음과는 달리 끝은 좋지 않았다. 이렇게 때만 되면 찾아오는 지루함을 이겨낼 수 있도록 도와준 것은 다름 아닌 영어 정복에 같이 도전하는 스터디와 동호회 친구들이었다. 지루해질 때마다 만나서 등산도 가고 밥도 먹으면서 기분전환을 했었다. 영어라는 공통 관심사가 있으니 서로 가까워지는 데도 시간이 많이 들지 않았다.

영어 울렁증 경험, 영어 공부를 하는 이유, 공부를 하면서 느꼈던 고충 등 많은 부분에서 공감을 할 수 있었다. 그렇게 서로 얘기를 나누는 것만으로도 많은 위로가 되었다. 예전에는 영어 공부를 하면서 문제에 직면하면 '나만 그런 건가…'라고 의기소침했었다. 하지만 얘기를 나누다 보니 나 혼자 겪는 문제가 아니었던 것이다. 1~2개월 선배들의 슬럼프 탈출 경험담도 듣고, 영화 대사를 롤플레잉 해보기도 하면서 영어의 바다에 푹 빠져들었다. 영어 공부를 하는 것은 지루했지만, 사람들과 영어를 주제로 이야기를 나누는 것은 굉장히 즐거웠다. 이 넓은 땅에 드디어 내 편이 생긴 기분이라고 할까? 이 사람들과 함께라면 꼭 해낼 수 있을 것만 같은 기분이 들었다. 오프라인 모임에 참석하기 어려울 때는 온라인 환경을 이용해서 꾸준히 교류를 이어갔다. 댓글을 달거나, 다른 사람들의 훈련 모습을 보는 것만으로도 큰 힘이 되었다. 이렇게 온라인과 오프라인에서 꾸준히 사람들과 어울리다 보니 어느새 골인 지점에 다다르고 있었다.

신기했다. 사실 영어 도전을 처음 시작할 때는 '굉장히 고통스럽고 지루할 것 같다.'라는 생각이 막연하게 들었다. 하지만 힘든 것보다는 즐거운 기억들이 많았다. 처음에는 힘을 내려고 '나는 영어 정복여행을 떠난거다!'라고 말하고 다녔다. 하지만 되돌아보면 나는 진짜 '영어 여행'을 떠났었다. 영어 실력과 동시에 좋은 친구들과 추억들이 함께 만들어졌다.

이렇게 무언가를 같이 하는 사람들이 있다는 것은 행복한 일이기도 하지만, 성공 가능성을 높이기 위한 전략적 선택이 될 수도 있는 것 같다. 이런 경험은 영어에서만 느꼈던 것은 아니다. 철인 3종 경기나 마라톤 풀코스 도전을 할 때도 마찬가지였다. 늘 도전에 성공하는 순간에 주변을 둘러보면 누군가 내 옆에 있었다. 내 옆을 든든하게 지켜주는 멘토와 같은 곳을 바라보고 있는 친구들 말이다.

그 후에는 한 가지 믿음이 생겼다. 스피킹 초보자들에게는 공부 방법이나 표현을 알려주는 멘토나 영어 강사도 중요하지만. 포기하고 싶을 때마다 마음을 이해해주고 옆에서 같이 길을 걸어주는 친구들이 꼭 필요하다는 것이다.

4단계.
지피지기 내 위치 설정

김미 어 픽쳐 플리즈

"저… 사진 좀 같이 찍어도 될까요?"

그저 이 말이 하고 싶었을 뿐이었다.

중·고등학교를 지나 대학에 가서도, 군에 입대한 후에도 영어 공부를
할 때면 항상 제일 먼저 배우곤 했었던 바로 그 말.

미션을 수행하기 위해 한참을 두리번거리다가 왠지 성격이 좋아 보
이는 한 외국인 부부를 발견했다. 쿵쾅거리는 심장을 진정시키고 말을
걸었다.

"Excuse me."
"Yeah."

갑자기 머릿속이 새하얘지고 아무것도 생각나지 않았다.

1초가 1시간 같이 느껴지는 5~6초 정도의 정적이 흐른 후 내 입에서 나온 말.

"Give me a picture… please… (저기… 사진 좀 주세요…)"

제대 후 우연한 기회를 통해 친구와 함께 떠난 단체 유럽여행 중, 현지에서 외국인에게 서울 소개 책자를 건네주고 같이 사진을 찍어야 하는 미션이 있었다. 여행 내내 미루고 미루다가 일정의 거의 끝자락을 지나고 있던 독일에서 발견한 현지인 부부에게 겨우 용기를 내서 던진 말이 '김미 어 픽쳐'라니….

어리둥절한 표정으로 나를 바라 바라보던 그 부부는 잠시 후 내 손에 들려 있는 카메라를 발견하고 나서야 '김미 어 픽쳐'의 의미를 이해할 수 있었다.

"Oh! You want to take a picture with us? Right?"
(아마 이렇게 말했을 것으로 추정)

그들의 친절함 덕분에 사진을 찍었고, 나는 무사히 미션을 마칠 수 있었다. 허둥대는 나를 쳐다보고 있던 같은 조 친구들은 배꼽을 잡고 웃기만 했다. 그들도 다들 영어를 못하기는 마찬가지였기 때문에 딱히 도움을 기대한 것은 아니었지만 그런 웃음을 기대했던 것도 아니다. 왠지 서운했고 많이 창피했다.

그 사건 이후, 지독한 영어울렁증에 시달리면서 영어 말하기와의 싸움을 시작했다.

　그로부터 3년 8개월이 지난, 2014년 2월. 같은 과 친구들이 대부분 공기업과 대기업에 취업하고 있을 때, 난 졸업과 동시에 강남의 한 성인 어학원에서 영어스피킹 코치로 공식 데뷔했다.

문제의 '김미 어 픽쳐' 사건 당시 촬영사진

코치 재원의 영어 방황기 짧은 정리

★ 중. 고등학교

문법, 독해 위주 영어수업 부적응자. 항상 수학에 자신이 있었기 때문에 별생각 없이 이과 선택. 취업이 잘 된다는 얘기에 공대 진학. 수시 합격으로 한결 가벼워진 마음으로 치렀던 수능 영어, 결과는 5등급. 대만족.

★ 2007년 : 대학교 1학년

교양영어회화수업, 중학교 원어민 수업 이후에 처음으로 경험하는 원어민과의 회화수업. 학기 내내 더듬더듬 간단한 자기소개로 버팀. 같이 수업을 듣던 캐나다에서 잠깐 살다온 형이 여유 넘치게 A+를 받는 것을 보고 영어는 외국에서 살다 와야 하는 것이라 확신. 원어민 강사가 진행하는 영어 프레젠테이션 수업을 신청했다가 친구와 함께 하루 만에 포기.

★ 2008년 2월 ~ 2010년 1월: 군대 시절

제대 전까지 영어를 정복해보겠다며 과업 외 시간을 이용한 영어 공부 진행. 시중에 있는 영어 학습과 관련된 각종 베스트셀러를 읽고 다양한 방법으로 시도. 패턴 익히기, 이미지로 연습하기, 영어단어장 하나 달달 외우기, 영어일기 써보기, 영어기초문법책 공부하기 등 다양한 방법을 시도했지만 얕게 맛만 보고 모두 흐지부지.

★ 2010년 7월 : 김미 어 픽쳐 사태 발발

친구와 함께 떠난 유럽 7개국 단체 배낭여행. 현지인들과의 대화는 꿈도 꾸지 못하고 모든 것을 바디 랭귀지로 해결. 어쩌다가 대화를 청하는(?) 외국인을 만나면 'SORRY'라는 말을 남기고 조용히 사라지기를 반복. 독일에서 현지인 부부에게 용기를 내어 사진을 같이 찍자고 청함. 'Give me a picture.' 사태 발발. 여행 내내 혼자 자책하면서 영어 정복에 제대로 도전해 보기로 결심.

★ 2010년 8~12월

약 4~5개월 정도 영화 및 미드보기, 기본 패턴책, 생활영어 표현집, 영어문법책, 영어단어 책 등 시중에서 쉽게 볼 수 있는 대부분의 방법으로 영어 공부를 시도해보다가 역시 흐지부지.

★ 2011년 1월 ~ 6월

막연한 불안감에 강남 모 어학원 토익강의 신청. 일주일 만에 포기. 뭐라도 해야겠다는 마음에 서점에서 각종 영어 학습법을 읽으면서 시간을 보냄. 영화, 발음 강의 등을 온라인을 통해 접했지만 말하기 실력은 전혀 늘지 않고 계속 인사만 하는 수준 전전.

★ 2011년 7월 ~ 2012년 5월 : 생애 처음으로 영어 말하기 맹훈련

초조해지는 마음에 휴학 결심. 유학을 가지 않고 영어를 정복했다는 유명강사가 운영하는 강남의 어학원에 큰마음을 먹고 등록. 그곳에서 만난 스터디 친구들과 스피킹 훈련 시작. 스터디 친구들과 함께 미드, 영화, 연설문, 발음연습 등을 진행함. 약 10개월 정도 영어 말하기 연습에 '올인'하고 맹훈련 지속. 기본적인 의사표현이 조금씩 쉬워지기 시작하

고 가끔 만나는 외국인과 어느 정도 대화가 가능해지면서 생애 처음으로 나도 할 수 있다는 자신감을 얻게 됨.

★ 2012년 6월 : 미국횡단여행 자신감 완전 상실

꽤 향상된 것 같은 영어실력을 직접 확인해보고 싶어짐. 겨우 자금을 마련해서 40일 간의 미국횡단여행을 떠남. 생애 처음으로 미국 현지인들과 다양한 상황에서 자리를 함께 하면서 큰 당혹감과 깊은 좌절을 맛봄. 영어 정복에 대한 자신감을 완전히 잃게 됨.

★ 2012년 8월 : 영어멘토와의 첫 만남

미국 여행에서 얻은 좌절감을 추스르고 다시 한 번 해보기로 마음먹음. 이후 가벼운 마음으로 가입하고 나간 영어 동호회 모임에서 현재의 영어 멘토인 대장을 처음 만남. 얼마 후, 광어회에 소주를 한 잔하며 지금까지의 시행착오 과정과 영어에 대한 고민을 털어놓음. 영어에 관해 가지고 있던 잘못된 고정관념들에 대해 들으면서 새로운 영어 인생의 시작점이 되어준 날.

★ 2014년 2월. 영어 스피킹 코치로 데뷔

김미 어 픽쳐 플리즈 사건 이후 지독한 영어울렁증에 시달리면서 영어 말하기와의 싸움을 시작. 영어 기초 문장과 영화 한 편을 통해 단단한 기본기를 만듦. 그 과정에서 멘토를 갖는다는 것의 중요성을 알게 되었는데 자신과 같은 처지에 있는 영어 초보자들에게 영어 멘토가 되어주고 싶다는 또 하나의 꿈을 꾸기 시작함. 같은 과 친구들이 대부분 공기업과 대기업에 취업하고 있을 때, 공대 졸업과 동시에 강남의 한 성인어학원에서 영어스피킹 코치로 공식 데뷔.

★ 2015년 10월 《김미 어 픽쳐 플리즈》 출간

영어말하기가 두렵고 간단한 인사와 안부 이외에는 대화를 이어가는 것이 어려운 스피킹 초보자들을 위해 《김미 어 픽쳐 플리즈》라는 책을 출간함. 영어를 어떻게 익히는 것이 효율적인가에 대해 고민하고 있는, 영어 말하기 초보님들에게 한번쯤 들려주고 싶은 나의 경험담을 담은 책.

★ 2016년~

책 출간 후 개인코칭, 현대백화점 문화센터, 네이버 edwith 등 다양한 곳에서 영어 강의를 진행함. 또한 전국에 있는 영어 초보자들을 위해 누구나 할 수 있는 [쓱툭 영어] 프로젝트를 진행중. 이렇게 다양한 활동을 통해 새롭게 세운 멘토의 꿈을 이루기 위해 노력하고 있음.

나의 영어실력은 어디까지 와있는 것일까

나의 영어실력은 어디까지 와 있는 것일까? 이런 의문은 막연하게나마 항상 마음속에 자리 잡고 있었다. 적어도 10년 이상은 학교에서 영어를 배워 왔고 기본적인 단어나 문법 지식들은 어느 정도 되어 있는 것 같았다. 물론 '듣기'와 '읽기'능력 역시 어느 정도 되어 있다고 믿었다. 내 실력을 검증해 보기 위해 토익이나 오픽 등 각종 영어능력평가시험 점수를 받아보기도 했다.

그런데 정작 현실에서는 외국인 앞에만 서면 바로 꿀 먹은 벙어리 신세로 전락해서 제대로 된 대화는 꿈도 못 꾸는 상태였다. 한 두 시간 동안 단 한 마디도 하지 못하고 남들의 대화를 구경만 한 적도 여러 번이었다. 그럴 때마다 느끼는 자괴감은 나를 아주 오랫동안 괴롭혀 왔다. 도대체 어디가 어떻게 부족해서 이렇게 말이 안 나오는 것일까? 마지막 순간까지 나를 괴롭히던 마음이었다.

나름대로 고민도 해보고 부족하다고 판단되는 부분을 보강하기 위해서 책도 많이 보고 학원도 다녀 보았다. 초보자 신세에서 벗어나지 못하고 긴 시간동안 스트레스에 시달리고 있는 대부분의 사람들과 마찬가지로, 나 역시 정확한 이유도 모른 채 소중한 시간과 열정을 낭비하고 있었다.

이러한 방황 중에 들었던 말이 있다. 그것은 바로 '지피지기백전불태 知彼知己百戰不殆'(상대를 알고 나를 알면 백 번 싸워도 위태롭지 않다.)이다. 어떤 일을 할 때 가장 기본이 되는 것이라는 말을 여러 번 들어왔었던 그 말. 생각해보니 자신의 상태를 정확하게 파악하는 것은 꼭 해야 하는 일이었다. 다만 내 스스로 나의 상태를 파악할 수 있는 역량이 부족하다고 미리 단정 짓고 나서 시도 자체를 하지 않았던 것이다.

내가 어느 위치에 있는지를 모르니 어디서부터 어떻게 시작해야 하는지를 안다는 것이 오히려 이상한 일이었다. 학창시절 만나던 수많은 시험에 길들여져서 누군가가 나를 평가해 주기만을 기다렸다. 영어 때문에 생긴 트라우마는 스스로를 객관적으로 파악하는 것이 불가능하다는 편견까지 갖게 해주었다.

외국인을 만나는 자리에서 자신감을 잃었던 적이 많았기 때문에 막연하게 '난 영어를 못하는 사람이야.'라는 생각으로만 가득 차 있었다. 그런데 영어에 대한 고정관념을 조금씩 지우고 바꿔가면서 자욱했던 안개가 사라지는 느낌이 찾아오기 시작했다. 학교에서 배워왔던 부분적인 지식에서 벗어나 영어와 나 자신을 객관적으로 바라보게 되었다. 너무 겸손할 필요도 없고 필요 이상의 과대평가도 하지 않는 것이 핵심이었다.

미국인처럼 말하지는 못해도 거리낌 없이 말을 하는 상태인지, 영어 고유의 멜로디와 억양은 갖추어져 있는지 객관적으로 바라보려는 노력을 하기 시작했다. 이후 무엇이 부족하고 무엇이 넘치는지 알게 되고 나니 모든 것이 편해졌다.

언어습득 절차와 각 절차별로 필요한 역량이 어떤 것인가 알게 된 상태에서 내 자신을 안다는 것은 볼트와 너트가 만나는 것과 같다. 어느 한 쪽도 없으면 불완전한 상태에 놓이게 되는 것이다. 각 파트별 역량이 무엇인지 정의한 후 내 자신의 상태를 직접 체크하고 적절한 학습과 훈련을 진행하기 시작했다. 불안감도 사라지고 반복되던 시행착오도 하나씩 둘씩 사라지기 시작했다. 생애 처음으로 영어 정복여행에서 순항이 시작된 것이다.

내 영어 위치 설정

내 위치를 아는 것이 왜 중요할까? 현재 자신의 상태를 정확하게 알고 있어야 그에 맞는 처방을 내릴 수 있다. 그 누가 뭐라고 해도 나를 가장 잘 아는 것은 나 자신이다. 막연하게 걱정하거나 자신감을 잃고 위축되지 말고 자신의 현재 영어 실력을 차분하게 되돌아보는 시간을 가져야 한다.

가장 먼저 해야 할 일은 출발점을 잘 잡는 것이다. 영어 초보자 분들에게 '스스로 생각할 때 지금 영어실력은 어느 정도고 어떤 수준에 있다고 생각하세요?'라고 질문을 드리면 대부분 이렇게 대답한다.

"내 지금 실력? 잘 모르겠는데? 뭐… 완전히 백지는 아니지. 아주 쉬운 말들은 더듬거리면서라도 몇 마디 할 수는 있는 거 같고, 흠… 듣기랑 읽기는 어느 정도 되는 거 같은데. 나 혼자 외국인하고 편하게 얘기를 나눌 수 있는 건 절대로 아니고… 그냥 어중간한 정도?"

영어를 잘 하고 싶다고 질문을 던지는 친구들 대부분이 가진 공통점이 하나 있다. 바로 자신의 현재 위치를 분명하게 말하지 못한다는 것. 우선 결론부터 말하자면, 내 상태를 구체적으로 아는 것이 제일 중요하다. 그래야지 그 위치에서 필요한 것들이 무엇인지를 알게 되고, 그에 적합한 재료와 공부 방식을 선택할 수 있을 테니까.

예를 들어, 나의 현재 위치가 다음과 같다고 해보자.

영어로 얘기하려고만 하면, 다 아는 말도 혀가 꼬이고 식은땀이 나면서 까먹고 말을 못할 때가 많다. 한 마디로 '외국인이랑 영어로 말 하는 거 자체가 힘들다!' 그리고 나중에 보면 다 알던 말인데, 외국인이 말을 할 당시에는 뭐라고 하는지 이해가 안 될 때가 많다.

자, 많은 사람들이 공통적으로 갖고 있는 고민이기도 하다. 보통의 스피킹 초보자들이 겪는 전형적인 증상이다. 그럴 때 먼저 중점을 둬야 할 곳이 바로 '영어로 말하는 것 자체에 대한 낯섦'을 없애 가는 것이다. 그냥 어떤 말을 하고 싶을 때 짧고 쉬운 말들은 나도 모르게 영어로 튀어나올 수 있도록 조금씩 나의 언어로 만들어 보는 것이다. 문법적으로 정확하게 말하는 건지, 이 표현이 이 상황에서 적당한 건지 따위는 잠깐 잊고 말이다. 또한 아는 말을 듣지 못하는 상태이기 때문에, 영어의 멜로디 부분에 조금 더 신경을 써줘야 한다. 이런 과정을 통해서 영어의 기본기가 만들어지고 자신감을 되찾을 수 있을 것이다.

다른 예로, 나의 현재 위치가 다음과 같다고 해보자.

직장에서 영어를 사용할 일이 많아서 업무적으로 영어를 사용하거나 고객을 응대하는 영어는 편하게 사용하는 편이다. 하지만 일상에서 외국인 친구들을 만나거나 여행을 가서 이야기를 나눌 때도 불쑥불쑥 비즈니스 용어나 그런 어투를 사용하게 된다.

이런 경우, 쉬운 말들을 반복해서 말하는 연습이 필요하다. 이 과정을 통해 간단한 말들은 생각하는 과정 없이 바로 튀어나올 수 있게 만드는 것이다. 매일 일상을 영어로 말해보고, self question을 하는 등의 아웃풋 연습도 병행해 줘야 한다. 쉬운 말로 자신 있게 말할 수 있는 심리적 유창성을 만드는 것이 필요하다.

이렇듯, 현재 나의 위치 설정을 제대로 해야 가장 적합한 전략을 세울 수 있다. 자, 다음의 체크리스트를 통해 자신의 위치를 설정해보자.

Tip

내 영어 위치설정 체크리스트

A. 다음 항목 중 해당되는 사항에 체크해보세요.

☐ 길에서 외국인과 눈이 마주치면 혹시 말을 걸지 않을까 멈칫한다.

☐ 시험점수는 꾸역꾸역 만들었지만 영어로 말하기는 자신이 없다.

☐ 외국에서 살다오지 않으면 영어 정복은 불가능 할 것 같다.

☐ 영어 공부를 위해 구입한 책이 집안 곳곳에 쌓여 있다.

☐ 무언가 해보려고 할 때마다 '영어능통자'라는 자격조건 때문에 포기한다.

☐ 영어 때문에 창피를 당한 적이 있고, 그로 인해 주눅 들어있다.

★ 해당 항목 체크 수:

B. 다음 항목 중 해당되는 사항에 체크해보세요.

☐ 원어민과 대화할 때 그들이 하는 말을 전부 알아듣지는 못한다. 다만, 대화의 맥락으로 의미를 이해하는 것은 어렵지 않다.

☐ 대화 도중 적절한 단어나 표현이 생각나지 않아도 당황하지 않고,

아는 말로 풀어서 내 생각이나 상황을 자연스럽게 설명해줄 수 있다.

☐ 슬픔, 기쁨, 우울함, 즐거움 등 다양한 감정을 영어로 말하며 표현하는 것이 어색하지 않다.

☐ 특정 주제에 관한 지식을 미리 공부한다면 영어 인터뷰, 영어 프레젠테이션에서 무작위로 쏟아지는 질문에 자연스럽게 답변하고 의견을 말하는 것이 가능하다.

☐ 잘 알고 있는 주제라면 의견이나 느낌을 긴 시간 동안 자연스럽게 말 할 수 있다.

☐ 원어민들의 표현이 과하게 섞이지 않는 경우라면 빠른 속도로 얘기해도 대부분 바로 이해하고 적절한 응대가 가능하다.

☐ 영어 때문에 창피를 당한 적이 있고, 그로 인해 주눅 들어있다.

★ 해당 항목 체크 수:

결과

A는 영어 때문에 고통받는 영어 울렁증 환자 'A양'의 현재 상태이고, B는 3개월 동안 영어의 핵을 완성하고 새로운 영어 인생을 살고 있는 'B군'의 현재 상태이다. 위 체크리스트에 읽고 나의 모습을 객관적으로 체크해 보자. B보다 A에 체크된 부분이 많은 분들은 아직 영어의 기본기를 만들지 못 한 상태이다. 이 책에 있는 코치재원의 경험담을 잘 듣고 '쓱툭 영어'과정을 따라가 보자. 단단한 기본기와 함께 영어 말하기에 대한 자신감이 생길 수 있을 것이다.

왜 영어는 해도 해도
말이 안 나오는 걸까요?

김해리(20대/직장인)

영어 학습 프로그램을 기획하고 있을 때 친구에게서 급하게 연락을 받았다. 자신의 친구가 영어를 잘 하고 싶은데 혹시 도와줄 수 있는지 부탁이었다. 흔쾌히 그러겠다고 말하고 한강진에 있는 한 카페에서 약속을 잡았다.

밝은 표정으로 들어온 그녀는 영어에 대한 고민을 하나씩 털어놓았다. 이제까지 여러 가지 방법으로 영어 공부를 했지만 정작 영어로 말할 때 스트레스를 많이 받는다고 했다. 영어가 그렇게 밉지는 않지만 조금 서운해지려고 한다는 것이다. 출장을 갈 일이 많은데 영어라는 벽 때문에 망설여지고, 여행을 갈 때도 말이 안 통해서 충분히 즐기고 오지 못해서 답답한 느낌을 받았다고 한다. 언제까지 영어와 데면데면하게 지낼 수 없기에 이번 기회에 친한 친구가 되었으면 좋겠다고 했다.

이런 저런 질문을 던져 보면서 현재 어떤 상태인지 알아보려고 했다. 오랫동안 영어 공부를 한 덕분에 영어 지식은 많이 가지고 있었다. 하지만 그것들을 잘 활용하지 못하고 있었다. 무엇보다도 영어에 대해서 자신감이 크게 떨어져 있는 것이 문제였다.

"단단한 영어의 기본기를 같이 만들어 봐요. 그렇게 되면 부족한 자신감도 채워질 수 있을 거예요. 퇴근하고 집에 와서 1시간씩 딱 3개월만 집중해서 해봅시다! 개인 PT 받는다고 생각하고 일주일에 한 번 만나서 수업하고, 나머지 시간은 꾸준히 복습해 주세요."

이제까지 가볍게 알고 있었던 지식들이 언제 어디서든지 바로바로 나올 수 있는 '완전한 내 것'이 되면 마음이 한결 가벼워 질 거라고 설득했다.

그다음부터는 큰 문제없이 수업이 진행되었다. 친구와 대화를 하듯이 편하게 수업이 진행되었고, 매일 부담스럽지 않을 정도의 숙제를 꾸준히 수행했다. 직장을 끝내고 집으로 오면 피곤했지만 그래도 하루 1시간은 꼭 지키려고 노력했다. 그 덕분에 큰 문제없이 3개월 동안 1,000문장을 자기 것으로 만들 수 있었다. 그러면서 점점 영어 말하기에 자신감이 붙는 것을 확인할 수 있었다.

"사실 이렇게 문장을 확실히 다지고 지나간 적이 없었거든요. 힘들 것도 같았고 꼭 그렇게까지 해야 하는지에 대한 의문도 있었어요. 그런데 실제로 해보니까 오히려 힘들지도 않고 오래 기억되니까 효율도 높았어요.

덕분에 출장 갔을 때도 내 문장들을 바꿔 가면서 자유롭게 소통할 수 있었어요! '진작 이렇게 할 걸' 하는 생각이 들더라고요. 이제 영어와 좀 더 친해진 것 같아요. 앞으로도 꾸준히 하면서 계속 친하게 지낼게요!"

영어 문장

완전히 내 것으로
만들기

"어머, 저 문장은 꼭 가져야 해!"

"영어, 내가 갖고 만다!"

"나도!"

PART 1에서 환경설정을 했다면 이제는 본격적으로 시작해보자.

영어는 암기가 생명이라며 책 한 권을 씹어 먹는다는 생각으로 달달

외워봤는가?

외우는 것도 중요하지만, 방법을 조금 다르게 할 필요가 있다!

Part 2에서는 '영어 문장을 완전히 내 것으로 만드는 방법'이 담겨있다.

같은 시간을 투자하더라도 효율이 큰 학습법!

평소에 열심히 외웠는데도 불구하고 큰 효과를 못 본 경험이 있는 사람은

귀를 쫑긋 세워 보자!

PART 2

한국의 영어 초보자들에게 꼭 필요한 영어의 핵 만들기

영어책은 점점 많아지고 공부방법론은 다양하게 알려지고 있는데 정작 초보자들의 영어 실력은 계속해서 제자리를 맴돌고 있다. 많은 분이 어느 순간부터 정체되는 것 같은 말하기 실력 때문에 상당히 많은 고민을 한다. 이제는 근본적으로 무엇이 잘못되었는가를 차분하게 생각해볼 필요가 있다.

만약에 구할 수 있는 영어교재가 흔하게 만날 수 있는 영어회화책 딱 하나 밖에 없다고 가정해 보자. 그러면 어떻게 되었을까? 십중팔구 한국인들의 평균적인 영어구사능력이 지금보다 조금은 좋아져 있을 것이다. 다른 것을 찾아보려 해도 구할 수가 없으니, 본 것을 또 보고 또 말해 보면서 자연스럽게 책 한권에 들어 있는 내용이 완전히 자기 것으로 만들어지게 되는 것이다.

조금 극단적인 비유이긴 하지만 외국어 습득의 원리를 알고 있는 전문가들이나 다중언어구사자들은 이 말의 의미를 잘 알고 있다. 바로 '언어의 핵(Language Core)'이다. 영어를 익히는 학습자라면 당연히 '영어의 핵(English Core)'이 필요하다는 얘기이다. 사실 이러한 개념은 새로운 것도 아니고 특별한 비법을 말하는 것도 아니다. 다수의 영어 정복자나 언어 전문가들이 일관되게 말하고 있는 언어적 개념이다. 다만 그것을 설명하는 용어와 방법이 다를 뿐이다.

전 세계를 돌아보면 5~6개 이상의 언어에서 많게는 20여 개에 달하는 외국어를 구사하는 다중언어구사자들이 상당히 많다. 나이도 십대에서 20·30대에서 많게는 60대 이상까지 다양하게 퍼져 있다. 이들은 어떤 방식으로 그렇게 많은 언어를 자신의 언어로 만들 수 있는 것일까?

그들의 방식은 각자가 조금씩 다르지만 한 가지 공통적인 부분이 있다. 어떤 외국어를 익히는 초창기에 아주 단단한 '언어의 핵'을 만드는 과정을 꼭 밟는다는 것이다.

영어의 핵: 자연스러운 대화를 위해서는

초보자가 꼭 갖춰야 할 기초적 언어역량

크게 나눠 보자면 일단 영어라는 언어에 대한 문법적 직관력을 키워줘야 한다. 자연적으로 만들어져서 굳어진 영어의 구조를 몸으로 완전히 체화시켜야 한다는 얘기이다. 그리고 영어로 자신의 감정과 생각을 표현하는 것 자체에 대한 어색함 자체를 없애야 한다. 영어 대화 자체에 익숙해져야 한다는 의미로 이해하면 충분하다. 마지막으로는 영어 고유의 '진짜 소리 세계'에 익숙지는 과정을 거쳐야 한다.

① 기본적인 상황별 표현능력 만들기
② 기본적인 영어 멜로디감각 습득

③ 기본적인 영어의 구조감각 키우기(문법적 직관력 기초)

④ 영어 발화 자체에 대한 거부감 낯섦 제거

이 세 가지 기초역량을 가지려면 완전히 초보 수준의 단문을 반복 연습해서 완전히 내 것으로 만들어야 한다. 그렇게 하면 영어의 기본적인 어순에 대한 단단한 감각을 만들 수가 있다.

코치재원이 제안하는 500문장 만들기 연습을 통해 충분히 영어의 기본기를 만들 수 있다. 개인 역량에 따라 다르겠지만, 매일 1시간씩 꾸준히 한다면 3개월 안에 모두 익힐 수 있을 것이다. 3개월 후에는 영어로 말하는 것이 전혀 두렵지 않게 될 것이다.

★ p.255로 가시면 '한국의 스피킹 초보자들에게 필요한 영어의 핵' 자세한 내용을 확인할 수 있습니다.

영어도 기본기가 필요해?

영어 실력을 키우는 방법에 대해 소개한 많은 책을 읽고, 저자의 강연에도 참가해 봤지만, 사실 그분들이 말하는 내용의 본질을 제대로 이해한 적은 한 번도 없었다. 새로운 지식을 받아들이고 이해하기 위해서는 사전지식과 경험이 뒷받침 되어야만 한다.

그런데 내가 가지고 있던 지식과 경험은 단편적인 언어학습방법에 관한 정보들뿐이었다. 그런 상태에서 깊이 있는 이해를 한다는 것은 처음부터 불가능했다. 갖가지 방법론을 접할 때마다 처음에는 고개를 끄덕이다가 얼마 지나지 않아 시작되었던 작은 오해들은 언제나 의구심으로 발전하고는 했다.

방송이나 책을 통해서 영어습득과 운동의 원리가 같다는 것은 귀가 따가울 정도로 많이 들어왔다. 책상 앞에 앉아서 하는 공부가 아닌 연습과 훈련의 개념으로 접근해야 하고 한번 배운 것은 계속해서 반복해야 한다는 것이다. 생각과 접근방법을 바꿔야만 했다.

꾸준한 시도와 훈련을 통해서 실력이 조금 늘어난 것 같았다. 하지만 이후 오랜 시간동안 제자리를 맴도는 것 같은 영어실력은 도무지 꿈쩍을 하지 않았다.

도대체 무엇이 문제일까? 간단한 인사말이나 몇 마디 내뱉고 시시한 대화가 끝나고 나면, 몇 분 지나지 않아서 입을 꾹 다물게 되는 여기까지가 결국 한계인가? 과연 어떻게? 무엇을? 단순하게 무한 반복만 하면 될까? 정확하게 무엇을 어떻게 해야 하는지에 대한 의문은 계속해서 나를 괴롭혔다.

이 무렵에 스스로의 문제점을 발견하게 해준 한 사건이 있다. 우연히 영어 멘토를 만나서 했던 즉석 테스트이다. 멘토 분께서는 간단한 한국어 문장을 던지면서 비슷한 의미와 느낌을 살려서 영어로 말을 해보라고 했다. 이렇게 시작된 즉석 테스트(?)에서 받은 충격과 창피함은 지금도 어제 일처럼 기억이 생생하다.

오랜 시간 동안 열심히 연습과 훈련을 해왔고, 웬만한 말은 꽤 자연스럽게 할 줄 안다고 믿고 있었기 때문에 더 그랬다. 그날 멘토분이 한국말로 던진 말의 일부를 비슷한 수준으로 적어본다.

자전거를 너무 오래 탔더니 너무 피곤하다.

내일 아침 일찍 약속이 있어서 오늘은 일찍 자야해.

어제 학교에 가서 오랜만에 김 교수님을 만났어.

제가 내일 저녁 8시쯤 나와서 처리하겠습니다.

여기서 가시려면 한번 갈아타셔야 해요.

작년에 시작했는데 아직도 끝내지 못했어.

엊그제 본 그 친구는 성격이 정말 좋은 것 같더라.

지금 안 계시는데, 메모 전해드릴까요?

250미터 정도 직진해서 오른쪽 길로 꺾으면 바로 보일 겁니다.

지금 친구랑 얘기중인데 30분 후에 다시 전화할게.

대충 이런 정도의 말이나 좀 더 짧고 간단한 말들까지 30~40개 정도 질문이 이어졌다. 내가 조금도 망설이지 않고 곧바로 영어로 말 할 수 있던 내용은… 단 한 개도 없었다.

물론 어느 정도 생각을 천천히 정리하면 얼마든지 할 수 있는 말들이었다. 하지만 제대 전후 2~3년 동안 나름 많은 공부를 했고 마음고생을 해오면서 익힌 실력이 겨우 이 정도라니… 정말 울고 싶은 심정이었다. 그날 자리를 같이 하던 친구들을 보는 것도 무안하고 부끄러웠다. 제법 영어를 할 줄 안다며 내게 많은 질문을 던지던 친구들이었는데, 속으로 나를 비웃고 있지는 않을까하는 못난 생각까지 들었던 것 같다.

간단하지만 충격을 안겨준 테스트가 끝나고 영어의 '기본기'에 대해서 많은 이야기를 나누었다. 그날은 태어나서 기본기의 중요성에 대해 그렇게 중요하게 생각해본 적이 있었나 싶을 정도로 많은 생각을 했던 것 같다. 그날 이후, 원리를 알고 절차에 따른다는 것이 무엇인지, 만약 절차를 무시하고 기본기를 생략하는 것이 내게 얼마나 해가 되는지에 대해 생각을 정리하기 시작했다.

모든 것은 순서가 있는 법이다. 특히 기본이 갖춰지면 다음 단계로 넘어가는 단계별 연습과 이어지는 경험을 통해 체화시켜야 하는 분야는 더욱 그렇다. 무언가를 잘 하고 싶다면 적절한 절차에 따라 가장 중요한 순서로 해야만 한다. 그렇지 않으면 처음에는 조금 빨리 가는 것 같지만 결국 역전이 되고 종국에는 큰 실력차이를 보인다.

실제로도 그랬었다. 철인3종 완주라는 목표를 함께 세우고 나의 수영 멘토인 선배에게 도움을 받으며 매일 수영장을 같이 다닌 친구가 있다. 처음 시작할 땐 서로 실력이 비슷했다. 하지만 얼마 후부터 그 친구는 재미가 별로 없다며, 기본기 코스를 과감(?)하게 무시하고 '자유수영'으로만 연습을 했었다. 결국 녀석은 절차에 따라 차근차근 배운 나와는 크게 격차가 생겼고 철인3종 완주 도전에도 실패하고 말았다.

나 역시 처음은 그다지 다르지 않았다. 어렵게 다시 시작해 보기로 했는데 기초부터 다시 시작하라는 선배의 말을 그대로 듣고 싶지는 않았다. 아주 오래 전이긴 하지만 수영을 배운 적이 있었고 당연히 어느 정도는 할 줄 안다고 생각했기 때문에 발차기나 팔 돌리기, 팔 꺾기 순으로 하나씩 다시 연습을 한다는 것은 결코 쉬운 일이 아니었다. 하지만 마지못해 시작한 기본기 연습이 힘들게 반복되면서 조금씩 그 효용성을 느낄 수 있게 되었고, 결국 목표했던 철인3종 완주를 어렵지 않게 해낼 수 있었다.

직접 경험해보고 잘 할 수 있게 된 운동의 습득과정을 되돌아보고 나서야 절차의 중요성을 뼈저리게 느낄 수 있었다. 일상 속에서 하게 되는 간단한 말들을 확실하게 내 언어로 각인된 단어들을 이용해서 거침없이 할 수 있다는 것은, 영어의 기본적인 구조가 완전히 내 것으로 만들어졌다는 것을 의미한다.

간단한 말들은 생각하는 과정 없이 바로 튀어나올 수 있도록 해야 한다. 기본기에 관한 생각을 정리한 후 이전에는 쉽다고 생각하던, 또는 안다고 믿어서 쳐다보지도 않던 기초 수준의 단문들을 이용해서 연습하고 또 연습하기를 반복했다. 지루함이 자주 밀려오고 이제 그만하고 싶다는 생각도 여러 번 들었지만 기본기의 중요성을 잊지 않으려 노력했다. 이 시기를 지나면서 한국어와 완전히 다른 구조를 가진 영어라는 언어가 나의 세컨드 랭귀지로 조금씩 흡수되기 시작했다.

국도와 고속도로

나는 항상 공부 자체보다 공부 '방법'에 관심이 많았다. 어떻게 하면 짧은 시간에 남들의 두 배의 효율을 낼 수 있을까? 하지만 이런 고민들 속에서도 정작 실력을 키우기 위한 공부 자체는 상대적으로 적은 시간을 투자했다. 영어 실력을 늘리기 위해 뭐라도 당장 시작하기 보다는 어떤 방법이 조금 더 재미있고 효율적인가를 항상 고민했다. 시간이 나면 서점에 가서 영어 공부법을 다룬 각종 책들을 뒤적거리면서 막연하게 지름길이 없을까 고민하기를 반복하고 있었다.

어떤 언어를 정복하는 방법이 하나만 있는 것은 아닐 것이다. 사람마다 현재 상태와 목표, 성향이 다른데 어떻게 가는 길이 다 같을 수 있을까. 하지만 그것과 관계없이 모두에게 적용되는 최단코스는 분명히 있다. 목표지점을 정확하게 파악하고 그에 이르는 고속도로를 결정했다면 조금 지루해도 그대로 직진하는 것! 지금처럼 여기저기 기웃거리는 것보다 훨씬 빠르게 이를 수 있을 것이다.

기본기를 다지는 것은 중요한 것부터 하나하나 차근차근 하자는 것이다. 하지만 쉽지만은 않다. 지루함이 반드시 따라오기 때문이다. 굳이 비교하자면 고속도로와 국도의 차이로 볼 수 있다.

차를 타고 서울에서 울산으로 간다고 생각해보자. 빨리 가려면 당연히 고속도로로 갈 것이다. 멀리 가는 데는 국도보다 고속도로가 훨씬 효율적이다. 물론 계속 똑같은 광경만 봐서 지겨울 수는 있지만 그래도 목표한 지점까지 가장 빠르게 갈 수 있게 해준다. 영어를 습득하는 구체적인 방법은 여러 가지 길이 있을 수 있다. 그런데 기본기를 다지는 방법은 일종의 고속도로와 같다. 똑같은 풍경, 똑같은 길이 계속 이어져서 매우 지루할 수는 있지만, 가장 빨리 목적지에 도달하는 그런 길 말이다. 시간이 없는 분들에게는 더더욱 좋은 방법이다.

수영할 때도 처음에 발차기 하고 팔 돌릴 때는 재미가 없다. 그래도 나중에 보면 그게 가장 빠른 길이었다. 영어 정복여행에서 지루함은 떼려야 뗄 수 없는 존재이다. 하지만 탈피할 수 있는 방법을 알고 노력하면 얼마든지 극복할 수 있다.

지금 생각해보면 효율성을 찾아 헤맨 날들이 낭비만은 아니었던 것 같다. 수많은 시행착오도 있었지만 결국 효과적인 방법이 무엇인가를 알게 된 것은 그런 경험들이 있었기 때문이었다. 물론 영어를 익히는 데 한 가지 길만 있는 것은 아닐 것이다. 영어 정복에 성공했다는 사람들의 다양한 경험담 속에는 영어책 한 권 외우기, 원서읽기, 미드이용하기, 뉴스활용하기 등 다양한 재료와 방법이 소개되고 있다. 어느 한 가지 방법만이 절대적인 길이 아니라는 것을 잘 보여주는 사실들이다.

영어울렁증에서 벗어나고 영어라는 언어를 정복하고 싶었던 내게, 목표는 아주 단순했다.

'최대한 빠르고 정확하게 내 목표실력에 도달하는 것'

할 일들은 많은데 언제까지 영어에 스트레스를 받고 있을 수는 없었다. 게다가 나름대로 열심히 공부를 했지만, 결국 영어로 말을 할 때마다 큰 부담을 안고 불편함을 느끼는 반쪽짜리 영어실력이 너무나 싫었다. 적어도 내가 노력한 것만큼의 실력은 갖추고 싶었다.

이런 소망은 언제나 주위를 두리번거리게 만드는 원인으로 작용했다. 오랜 시간을 찾아 헤맨 끝에 고속도로가 어디에 있는지 어렴풋이 알게는 되었지만, 혹시나 하는 마음 때문에 결국엔 화려하고 경치 좋은 국도로 다시 나아가곤 했다.

과연 끝이 있을까라는 불안감을 국도에서 만나는 화려함으로 덮으려고 노력했었다. 하지만 대장을 통해서 실제로 고속도로가 존재하고 있다는 사실을 확인하고 그 길을 타는 방법을 구체적으로 알게 된 후, 더 이상 방황할 이유가 없었다.

고속도로 위로 질주하는 동안 지루함과의 싸움은 여러 차례 이어졌다. 오히려 다양한 길을 찾아서 달릴 때보다 더 자주 만났던 것 같다. 달라진 것은 지루함이 찾아 왔을 때 능동적으로 대처하게 되었다는 것이다. 목표지점과 코스를 정확하게 알게 된 후 '지루함'이 '의구심과 회의감'으로 바뀌면서, 다른 길을 찾아 헤매게 되는 일이 없어졌다.

화려한 방법론이라는 국도가 완전히 추억의 길로 바뀌었을 때 찾아온 편안한 느낌을 아직도 잊을 수 없다.

무작정 많은 자료로 input을 하다

input이 어느 정도 차면 output이 나온다는 얘기를 가장 많이 들었다. 당연히 뭔가 알고 있어야지 나온다고 생각했기 때문에 큰 의심을 하지 않았다. 그래서 뉴스, 시트콤, 영화, 연설문 등을 통해서 여러 가지 input을 쌓아 갔다. 인터넷과 책을 통하여 얼마든지 input을 구할 수 있다. 많은 input에 대한 욕심도 생겨서 여러 가지를 한꺼번에 하면서 input을 최대한 많이 쌓으려고 했다. 각 재료들은 그 나름대로 좋은 이유들이 있었기 때문에 그것을 보고 모른 척 할 수는 없었기 때문이다.

하지만 그렇게 input이 늘어난다고 무조건 output으로 나오는 것은 아니었다. 내가 넣은 input조차 잘 소화시키지 못하니 들어가는 input 양에 비해 나오는 output은 너무 부족했다. 항상 쓰는 말만 반복하는 것 같기도 하고 몇 달이 지나도 내가 쓰는 말은 크게 달라진 것 같지 않아서 불안해지기 시작했다. 내 input 양이 부족해서 그런 건 아닌가 생각했다.

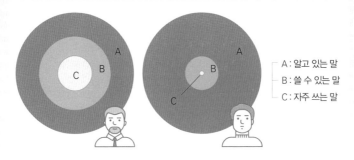

A : 알고 있는 말
B : 쓸 수 있는 말
C : 자주 쓰는 말

왼쪽은 미국에서 태어나서 자란 토종 미국인 / 오른쪽은 한국에서 영어를 공부한 사람

두 사람의 영어에 대한 지식은 당연히 다르다. 하지만 미국인도 한국인도 모두 자신이 알고 있는 영어를 세 가지 영역 - A(알고 있는 말), B(쓸 수 있는 말), C(자주 쓰는 말)로 나눌 수 있다.

1. A는 말 그대로 알고 있는데 거의 쓰지 않고 쓰기도 어려운 말

　여러분들이 열심히 배운 토익 단어들이나 고급 표현들이 여기에 속한다.

2. B는 알고 있고 쓸 수도 있는 말들

　중. 고등학교 때 배운 쉬운 표현들이나 단어들이 여기에 속할 수 있다. 쓸 수는 있지만 아직 입에 붙지 않아서 잘 안 쓰던 그런 표현들이다.

3. C는 쓸 수 있는 말 중에 자신이 자주 쓰는 말들

　영어 초급자의 입장에서는 Good Morning, Hi, How are you! 같은 익숙한 표현들이다.

이때 한국어와 비교하니 내 문제점이 보이기 시작했다. 내가 쓰는 말들은 크게 알고 있는 말, 쓸 수 있는 말, 그리고 자주 쓰는 말로 나눌 수 있다. 친구들끼리 하는 일반 대화는 곧잘 했지만 프레젠테이션이나 면접 상황에서는 말이 잘 나오지 않는다.

가장 큰 문제는 영어에서 배운 말들을 모두 다 내가 자주 쓸 수 있는 말처럼 생각했다는 것이다. 자신에 입에 붙어서 언제든지 자유자재로 쓸 수 있어야지 진정한 자기 것이라고 말할 수 있다. 그렇지 않은 경우에는 그냥 알고 있는 말이지 완벽한 자신의 언어라고 말할 수 없다. 그래서 다양한 재료로 input을 하는 것 이전에 자신이 알고 있거나 쓸 수 있는 말들을 자주 쓰는 말들로 input을 해야 했다. 그다음에 다양한 재료로 input을 하되 반복을 통해서 자주 쓰는 말로 바로 input을 해주는 게 올바른 순서였다.

이렇게 정리한 후 계속해서 쌓아 주었던 input이 왜 생각만큼 나오지 않는지 알 수 있었다. 생각해보면 난 이제껏 input을 쌓았다고 하지만 정말로 내 지식으로 만들지 않았었다. 한 번 듣고 따라할 수 있을 정도로 훈련하고 한 번 복습을 하는 정도에 그쳤다. 그래서 그냥 알고 있거나 쓸 수 있을 정도에 그친 것이다.

이제껏 학교나 학원에서 공부해 오면서 계속해서 새로운 진도를 나갔다. 그러면서 배우는 것은 차곡차곡 늘지만 모두가 애매한 상태로 축적이 되어 버렸다. 그러면서 새로운 input에 대한 열망으로 새로운 교재로 또 끊임없이 나갔다. 만약 내가 잘 알지 못했으면 계속해서 새로운 input을 넣으면서 왜 나는 output이 내가 넣은 input에 비해서 턱없이 부족할까 하는 고민을 하고 있었을 것이다.

매일 1시간 쓱 보면 툭 나오는 영어 공부법

한국어로도 어려운 표현이나 문장들은 계속해서 써줘야 내 말로 만들 수 있다. 알고 있는 정도에 그치면 내 입에서 나올 일은 거의 없다. 새로운 지식보다 중요한 것은 기존의 있는 지식을 완전히 내 것으로 만드는 것이다.

내가 알고 있다는 생각을 버리고 정확하게 input의 현 위치를 인식한 뒤에는 새로운 input보다 기존의 알고 있는 말들을 자주 쓰는 말들로 바꾸려고 했다. 꾸준하게 복습하고 다양하게 내 뱉어 보는 연습을 하면서 그 말들이 점점 입에 붙기 시작했고 이제는 내가 넣은 input 만큼의 output의 효과를 낼 수 있다.

기계적 암기 벗어나기

실질적인 영어구사능력을 갖추기 위한 말하기 훈련을 시작하면서 가장 많이 들었던 이야기는 '일단 똑같이 외워라'였다. 그래서 다양한 교재로 학습하면서 항상 했던 것이 무조건 외우기였다. 지금 되돌아보면 가장 시간을 낭비했던 부분이었다.

외우라고 하니까 외우기는 했는데 일단 시간이 너무 많이 걸렸다. 빨리빨리 진도는 나가고 싶은데 생각만큼 잘 외워지지 않을 때마다 답답함도 느꼈다. 효율적으로 외울 수 있는 방법이 없을까 하고 강사에게 질문도 해보고 공부 방법을 알려 주는 책도 여러 권을 뒤져 봤다. 하지만 그들의 대답은 한결같았다. 그냥 열심히 여러 번 읽고 따라 하면서 외우라는 것이었다. 독한 놈이 이기는 것이라며.

과연 이렇게 무작정 외운다고 되는 것일까? 막연한 불안감은 항상 마음속에 남아 있었지만 다른 방법이 없었다. '이렇게 외우다 보면 양이 쌓이게 될 것이니 나중에는 무언가를 얻기는 하겠지…'라는 마음으로 스스로를 다독이면서 가는 수밖에.

하지만 이렇게 외운 문장들을 실전에서 사용할 수 있을지에 대한 걱정이 계속해서 나를 떠나지 않았다. 학습한 문장들은 점점 늘어나고 있는데 오히려 마음은 더 불편해졌다. 그러던 차에 내가 하고 있던 것은 '기계적 암기'라는 것을 알게 되었다.

기계적 암기는 밑 빠진 독에 물붓기와 같다. 무언가를 채우려면 일단 무작정 부어 넣기 전에 담을 그릇의 상태를 점검하고 채울 준비가 되어 있어야 한다. 기계적 암기는 이런 밑 빠진 독에 물붓기와 별반 다르지 않다. 아무리 많은 문장을 외웠다고 하더라도 그 말의 의미를 깊게 체화시키지 않은 상태에서 하는 암기는 시간이 조금만 지나면 금방 잊어버리게 된다.

문장을 외워서 말을 할 때는 항상 무슨 말을 하는지 정확하게 인식하고 말을 해야 한다. 그래야만 말을 뱉는 과정에서 말의 의미와 언어적 규칙을 감각적으로 체득할 수 있다.

생각해보면 짧은 문장을 열심히 외웠는데, 시간이 조금만 지나고 나면 바로 생각이 나지 않은 적이 많았다. 그 영어 문장을 외울 때 진짜 언어로 받아들이면서 외운 게 아니었던 것이다. 그저 눈에 보이고 귀에 들리는 활자나 소리의 의미를 잠깐 생각만 해본 후, 기계적으로 암기한 것이었다. 이런 부분은 간단한 실험을 통해서 확실하게 느낄 수 있었다. 이 실험은 사용하는 어휘의 종류와 문장의 성격이 확연히 다른 한국어 두 문장을 외워보면서 차이를 비교해 보는 것이다.

기계적 암기의 폐해

"잘 안되니까 첫사랑이지. 잘 되면 그게 첫사랑이냐?"

평소에 쓰기 쉬운 이 문장을 한번 외워보자. 여러분들이 이 문장을 외우려고 하면 문자나 말의 구조도 생각하지 않고 바로 외울 수 있을 것이다. 오직 문장이 말하는 바, 즉 문장의 의미에만 초점을 맞추게 된다. 우리의 모국어인 한국어인데다가 생활에서 아주 많이 쓰이는 낯익은 단어들로만 구성되어 있기 때문에, 한두 번 가볍게 듣기만 해도 쉽게 외우고 기억할 수 있있다. 어떤 상황에서 어떤 감정으로 말하고 있는지 순식간에 떠오르고 그 기분을 느낄 수도 있을 것이다. 이렇게 의미를 아주 확실하게 각인시키고 각 단어와 문장을 외우면 전혀 반복해서 말하지 않았다 하더라도 일주일 후에 정확하게 또는 비슷한 어휘와 구조로 말을 할 수 있을 것이다.

"은행권 변동금리 주택담보대출의 기준이 되는 코픽스 금리는 지난달 1.75%를 기록했다."

이 문장은 상대적으로 외우기가 쉽지 않을 것이다. 물론 이런 경제 용어에 익숙한 사람들이라면 쉽게 외울 수도 있다. 하지만 평소에 이런 경제 용어와 동떨어진 삶을 사는 분들은 이 문장을 외우려면 꽤 공을 들여야 한다. 그런데 대충 어떤 말인지 감을 잡고 당장은 외웠다고 하더라도 일주일 정도 후에 다시 얘기해 보라고 하면 어떤 현상이 벌어질까? 일단 이 문장에 들어가 있는 전문용어가 생각나지 않는다. 그리고 그 용어가 의미하는 바를 정확하게 모르니 비슷한 구조와 의미로 말 자체를 하

매일 1시간 쓱 보면 툭 나오는 영어 공부법

기도 힘이 들게 된다.

영어를 포함한 모든 외국어도 한 문장 한 문장 익혀갈 때 이런 똑같은 과정을 거쳐야만 한다. 모국어인 한국어라 하더라도 모르는 단어와 개념으로 이루어진 문장은 기억하기가 쉽지 않은데, 하물며 체화의 정도가 근본적으로 다른 외국어는 말할 필요도 없다.

단순히 문장을 읽고, 소리를 듣고 나서 의미를 대충 이해하는 수준에서 외우는 것은 실제로 말하기에 그다지 도움이 되지 않는다. 시간이 조금 더 걸리더라도 처음 익힐 때 확실하게 자신의 언어로 만드는 것이 좋다.

이렇게 간단한 테스트만으로 그동안 무의식적으로 기계적인 암기를 해왔다는 사실을 알게 되면서, 그때까지 진행하던 연습방법의 문제점이 구체적으로 보이기 시작했다. 우선 영어 문장을 외우면서 나의 말로 만들어 가는 과정 속에서 의미를 완전히 체화하는 과정을 생략하고 '진도' 그 자체에만 신경을 쓰고 있었다. 한 마디 한 마디가 나의 언어로 만들어지고 있는지는 생각조차 하지 않았다.

공부하고 외웠던 영어 문장들을 뱉어보다가 누군가 말을 걸거나 중간에 말을 살짝만 바꿔도 머릿속이 하얗게 변하곤 했다. 기계적 암기의 전형적인 결과였다. 나름 감정을 이입해서 실제 상황처럼 말해 보면서 외웠는데 왜 이런 현상이 벌어질까? 기계적인 암기에서 벗어나기 위한 해법은 무엇인가? 그 당시의 지식과 나 혼자만의 힘으론 아무리 고민을 해봐도 도무지 해법을 찾을 수가 없었다.

그리고 얼마 지나지 않아서 알게 된 해법은 내가 그동안 일종의 신앙처럼 믿어왔고 대부분의 초보학습자 역시 당연한 것이라고 알고 있는 상식을 뒤엎어 버리는, 말 그대로 '엉뚱함과 발상의 전환' 그 자체였다.

L.B.T (Learning By Teaching)
한국어 전략적으로 사용하기

영어로 생각하고, 생각하는 것은 영어로 말해라!

하루 종일 영어에 노출시켜 영어 뇌를 쓰는 습관을 만들어라!

영어책을 보고 영어 노래를 듣고 핸드폰도 노트북도 모두 영어버전으로 바꿔라!

이제까지 귀가 따갑게 들었던 말이고 지금도 일정 부분에서는 어느 정도는 수긍하고 있는 말들이다. 그래서 처음에는 모국어인 한국어를 적극적으로 사용해서 공부하라는 말을 쉽게 수긍하기가 힘들었다. 생각한 것을 영어로 표현하기 위해서 '어떤 단어와 어떤 구조의 문장을 만들어야 하는가를 고민하는 습관'을 버리기 위해서 한참을 노력하고 있던 때였기 때문이다

예전에는 '한국어로 생각→영어로 번역'이라는 과정을 거쳐서 말하는 시간이 오래 걸리고 어색한 표현으로 말하는 경우가 많았다. 그래서

영어 뇌를 가져야 하는 필요성을 더욱 느꼈다. 오직 영어식 사고를 가지고 영어로만 생각해야 한다는 생각을 했었다.

하지만 이렇게 '영어 뇌'의 중요성만 듣다 보니 괜히 오해하는 부분도 많이 있었던 것 같다. 무조건 영영사전을 이용하고 안 되는 것을 억지로 영어로 생각하려고 하고, 말을 할 때도 이것이 한국적인 표현이 아닐까? 하고 괜히 겁낸 적도 꽤 많다.

사실 전 세계의 인지도 있는 다중언어 구사자들은 자신의 모국어를 적극적으로 이용하는 것에 대한 효율성을 강조하고 있다고 한다. 영어 뇌를 만들려면 한국어는 떠올리면 안 되는데 그러면 왜 이들은 모국어를 적극적으로 사용하라고 하는 것일까? 그리고 그러면 어떻게 사용해야 하는지 고민을 하기 시작했다. 그 고민에 대한 해답은 '이해'와 '번역'의 차이었다.

내가 했던 있는 실수는 매끄러운 한국어 문장으로 '번역'한 후, 그 번역된 문장을 말해 보면서 설명으로 대체하려고 하는 것이었다. 하지만 필요한 건 한국어를 사용해서 '의미 각인을 위한 설명'을 해주는 것이었다. 설명을 한다는 것은 왜 이런 의미와 형태로 쓰였는지 하나씩 풀어서 모국어로 풀어준다는 것이다. 남들에게 전해 줄 것도 아닌데 매끄러운 문장으로 번역을 할 필요는 전혀 없었다.

그냥 편안하게, 하지만 정확하게 의미를 '이해'하고, 이해한 대로 받아들이고 그 내용을 바탕으로 내가 알고 있는 한국어로 자기 자신에게 설명해준다. 꼭 완벽하게 해석할 필요 없이 앞뒤 문맥에 맞게 어린아이에게 설명하듯 자연스럽게.

그 후부터는 모국어를 잘 활용하는 다개국어 구사자들을 주목하기 시작했다. 그리고 모국어를 적극적으로 활용하는 것이 얼마나 효율적인 것인지 알게 되었다. 물론 처음에는 영어를 배우는데 한국어를 쓰는 것에 대한 거부감이 있었다. 이제까지 들어왔던 사실대로라면 한국어는 떠올리지도 않아야 하는데 한국어를 적극 활용하라고 하니 당황스럽기도 했다. 하지만 정확하게 사용하는 방법과 효과를 알고 난 뒤에는 그런 생각이 더 이상 들지 않았다. 오히려 외국어를 배우는 데 좋은 무기를 하나 얻은 기분이었다. 내가 원하는 것은 가장 효율적인 학습을 하는 것이므로 한국어를 사용하는 것은 선택이 아니라 필수라고 생각했다.

물론 영어로 말하기 연습을 할 때는 한국어를 사용하지 않았다. 전략적으로 내용을 익히고 상황을 그리는 데 주로 사용했다. 초반에는 익숙하지 않고 크게 도움이 될까 싶어서 크게 활용하지는 않았다. 하지만 결국 더디게 천천히 가고 있는 나를 발견하고 본격적으로 활용해 보려고 했다. 사용법을 잘 익히고 사용하니 그 효과는 스스로 만족할 만큼 체감할 수 있었고 그 다음부터는 더욱더 열심히 활용했다.

실제로 누군가를 가르쳐 본다고 생각만 해도 암기 효과가 올라간다. 예일대학교 심리학자인 존 바그가 실시한 연구에서 나중에 시험을 전제로 콘텐츠를 암기한 사람들과 다른 사람을 가르치기 위해서 콘텐츠를 학습한 사람들을 비교했다. 그 결과 다른 사람을 가르치려고 공부한 사람이 시험을 목표로 암기했던 사람들보다 깜짝 기억력 검사에서 더 높은 점수를 받은 것으로 나왔다.[1]

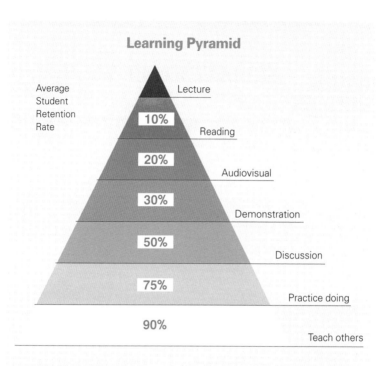

Learning Pyramid

Average
Student
Retention
Rate

Lecture

10%

Reading

20%

Audiovisual

30%

Demonstration

50%

Discussion

75%

Practice doing

90%

Teach others

실제로 평균적인 학생들의 기억력 비율을 보면, 강의만 들었을 시 5%, 읽기를 했을 때 10%, 시청각 교재를 활용했을 때 20%, 실물 설명을 했을 때 30%, 토론을 했을 때 50%, 실습을 했을 때 75%, 누군가를 가르쳐 보았을 때 90%를 기억한다고 한다.[2]

개그우먼 이수지 님의
L.B.T 연습 영상

1 매튜 리버먼, 〈사회적 뇌〉, 시공사, 2015
2 출처: National Training Laboratories, Bethel, Maine

감정이입해서 연기하기

영화나 미드에 나오는 대사를 이용해서 실제로 말하는 것처럼 연습하라는 얘기 역시 많이 들어왔던 얘기였다. 그럴 듯하게 들렸기 때문에 거부감 없이 받아들이고 그렇게 해보려고 나름대로 노력도 했다. 하지만 연기를 해보지 않았던 내게 배우처럼 연기해 보고 감정을 이입한다는 것은, 절대로 쉬운 일이 아니었다. 감정이입을 한답시고 연기를 해보려고 하니 대사를 외우고 말하는 것이 오히려 부자연스러워지는 것 같기도 했다.

연기를 통해 그 상황과 감정을 온전히 익힌다는 것. 무슨 말인지도 알겠고 필요성도 알 수 있는 것 같았지만 연기를 하는 것은 내게는 너무나도 어렵기만 한, 그야말로 남의 일이었다. 내성적인 성격은 둘째로 치더라도 연기라고는 단 한 번도 해본 적이 없는데 갑자기 감정을 담은 연기라니. 그것도 영어로 말이다.

집에서 아무도 안 볼 때 남몰래 시도해봤는데 내가 봐도 정말 못 봐줄 정도였다. 어색한 표정에 말투, 거기다가 손동작까지. TV에서 발연기라고 욕하던 배우들에게 미안해질 정도였으니까 얼마나 연기가 어렵게 느껴졌는지 상상할 수 있을 것이다.

언제나 그래왔던 것처럼 혼자만의 자책이 시작되었다.

'다른 애들은 잘 하는 것 같은데 왜 나는 안 되지? 역시 난 연기를 하면 안 되나봐. 난 연기를 못 하니까 공부에 오히려 방해만 되는 것 같아.'

이런 생각들이 커지면서 연기를 하면서 감정이입 하는 것을 멈추게 되었다. 그리고 다른 부분에서 만회하면 될 것이라고 생각하고 다시 감정 없이 외운 표현을 기억해 말하는 것에만 충실하기 시작했다. 꼭 연기를 하지 않아도 표현만 제대로 익히면 될 것 같다고 또 타협해 버렸다. 처음에 적응이 어려운 것은 몇 번 해보다가 곧 없던 일처럼 만들어 버리는 습관이 여기서도 그대로 나타난 것이다. 그렇게 감정을 넣어서 말을 하는 연습을 거의 잊어버리고 방황의 날들이 시작했다.

그 이후에도 계속 영어 문장들이 잘 외워지지 않았고, 외운 문장을 말할 때도 너무 어색하게 느껴졌다. 답답한 마음에 '감정이입을 해야 하는 이유'에 대해 찾아봤다. 다양한 책들과 방송을 보면서 방황을 끝낼 실마리가 보이기 시작했다.

내가 익히고 있는 말을 실제 상황에서 자주 사용해야 빠른 시간 안에 자신의 언어로 만들 수 있다. 외국인들과 자주 어울릴 수 있는 환경에서는 생활 자체가 실제 상황이니까 자주 쓰는 말은 그만큼 쉽게 자기 말로 만들 수 있다. 그런데 혼자 한국에서 말하는 연습을 할 때는 실제상황에서 말을 해볼 수 있는 기회는 만나기 어렵다. 그래서 한국에서 영어를 공부하는 사람들에게는 '감정 연기'가 선택이 아니라 필수였던 것이다.

실제로 감정과 기억은 큰 상관관계가 있다는 것도 여러 연구 결과에서 이미 밝혀진 사실이었다. 프로가 아닌 이상 금방 감정을 이입하고 실제처럼 연기하는 건 누구에게나 어려운 일일 것이다. 나는 배우가 아니니까 명품 연기를 못 하는 게 당연한 것이었다. 그냥 외운 대사에 진짜 감정과 생각을 입혀서 말하는 목적만 달성하면 끝나는 일이었다.

　무엇이건 목적을 분명하게 하고 시작한다는 것은 정말 중요한 일이다. 연기를 하면서 진짜 상황처럼 가정하고 말하는 연습의 유일한 목적은 '연기를 잘 하는 것'이 아니고 '학습의 효율을 높이는 것'에 있다. 중요성을 알면서도 자꾸 중단하게 되는 이유는 연습하는 것을 가족이나 친구들이 보게 되는 것이 싫어서였다. 또 어차피 연기하면서 연습하려면 사람들에게 잘 한다는 얘기도 듣고 싶은데, 그들이 우스꽝스럽게 여기고 비웃는 것만 같아서였다.

　그런데 아마추어가 연기를 잘 하면 오히려 그것이 이상한 것이라는 단순한 사실을 깨닫게 되면서 많은 것을 바꿀 수 있었다. 일단 일명 '발연기'에 대한 생각부터 바꾸려고 했다. 어차피 나는 배우로써 작품을 찍는 것이 아니다. 그래서 연기를 얼마나 잘하는가 하는 것은 전혀 상관이 없다. 내가 얼마나 감정이입을 하면서 그 상황을 느꼈는지가 중요하다. 물론 처음부터 쉽지는 않았다. 어색함과 무안함이 자주 찾아오긴 했다. 하지만 모든 일이 그러하듯 조금씩 진전이 있었다.

　감정이입을 하면서 대사를 말할 때 주변의 시선에서 점점 자유로워질 수 있게 되었다. 오직 내가 지금 이 연습을 하는 이유가 무엇인가만 생각하고 그 목적에만 집중할 수 있게 된 것이다. 한번 익힌 대사는 상대방이 있건 없건 실제로 말하는 것과 똑같이 말할 수 있게 되었다.

감정을 이입해서 말해보는 것의 이점과 대가는 처음 상상했던 것보다 컸다. 일단 한 번 입에 익혀두고 실제로 말해보는 것을 어느 정도만 반복하면, 순식간에 나의 언어로 체화되어 버렸다. 마치 진공청소기로 영어를 흡입하는 기분이랄까? 그렇게 감정을 실어서 말하는 것이 익숙해지니 외국인과 소통을 하는 것이 더욱 쉬워졌다. 만날 때마다 영어로 말하는 것이 자연스러워진다는 얘기도 자주 듣게 되었는데, 이 무렵부터 영어는 내 의사를 표시하는 또 하나의 내 언어로 완전히 편입되었던 것 같다.

만약 귀찮다는 이유로, 주변 시선이 신경 쓰인다는 엉뚱한 이유 때문에 감정이입과 연기를 시도하지 않았다면 어떻게 되었을까? 생각하기도 싫다.

60% of all human communication is nonverbal.

Body language. 30% is your tone.

So that means that 90% of what you're saying ain't coming out of your mouth.

커뮤니케이션의 60%는 말이 아닙니다. 바디 랭귀지죠. 30%는 어투.

그 말은 대화의 90%가 입에서 나오는 게 아니란 뜻입니다.

- 영화 <Mr.Hitch> 中

큰 소리로 말하기

큰 소리로 말하는 연습을 하라는 얘기는 책이나 방송을 통해서 여러 번 듣곤 했었다. 하지만 왜 큰 소리로 훈련하고 연습해야 하는지에 대한 의문은 좀처럼 해소되지 않았다. 어떤 이는 심리적인 측면에서 중요성을 강조했다. 또 다른 이는 알아듣기 어려운 뇌과학 지식을 이용해서 큰 소리로 말하는 것이 보다 효과적이라는 얘기도 해줬다. 여러 가지 매체를 통해서 큰 소리로 말하는 훈련의 중요성을 들어왔던 나는 막연하게 '큰 소리로 말하는 것이 중요하구나.' 정도로만 생각하고 있었다. 그래서 막상 해보려고 하면 실천하는 것이 결코 쉬운 것은 아니었다. 무작정 큰 소리로 말하다 보면 금방 목에 무리가 갔다. 왜 이렇게 해야 하는가에 대한 논리적인 이해가 없으니, 스스로 이런 연습을 지속시키기가 상당히 힘들었다.

게다가 주로 영어를 공부하는 장소인 카페나, 독서실 같은 곳에서 큰 소리로 말하기 연습을 한다는 것은 불가능한 일이었다. 다른 사람에게 주는 피해도 신경 쓰였고, 무엇보다 나의 영어 목소리를 다른 사람이 듣는다는 것에 대한 일종의 불안감이 큰 소리 연습을 방해하곤 했다. 자신이 없었다. 누가 내 목소리를 듣고 비웃고 무시하는 것 같은 기분이 들었다. 괜한 자격지심에 스스로 위축되기를 반복했고 '쟤는 영어도 못하면서 목소리만 크다'라는 말이 귓가에 맴돌곤 했다.

'꼭 큰 소리로 하지 않아도 괜찮겠지.'라고 스스로 정당성을 부여하게 되었고, 큰 소리 연습은 몇 번 시도해보고 나서 자연스럽게 중단되고 말았다. 그리고 큰 소리를 내지 않고도 영어 소리를 잘 낼 수 있는 방법을 찾기 시작했다. 하지만 다른 방법이란 없었고 결국 제자리로 돌아왔다.

'큰 소리로 말하는 연습은 단순히 자신감 때문일까? 내가 모르던 다른 이유가 있는 것은 아닐까?'

기왕 할 거면 제대로 이유나 알고 시작하는 게 좋을 것 같았다. 낯선 소리를 내는 것은 왜 이렇게 힘이 들까? 일단 들리는 대로 소리를 내려고 해도 혀가 움직여주지 않았다. 입과 혀가 내 마음대로 움직이지 않으니 소리를 내는 것도 힘든 것이다. 그렇게 생각하니 조금씩 실마리가 잡히기 시작했다.

요즘 주말마다 풋살 등의 스포츠를 즐기고 있다. 격렬한 활동 중에 근육이 다치는 경우가 많다. 이를 방지하려면 본격적인 실전에 앞서서 최대한 근육을 이완시켜 주고 부드럽게 풀어줘야 한다. 예전에는 이런 스트레칭을 건너 뛸 때도 있었지만, 몇 번 부상이 온 이후에는 빼먹지 않고 하려고 노력하고 있다.

영어 말하기를 운동과 연관시켜서 생각해봤다. 큰 소리로 연습하는 것은 우리말과 다른 소리로 이루어진 외국어를 자연스럽게 구사하기 위한 일종의 스트레칭이었던 것이다. 원하는 소리를 내기 위해 꼭 필요한 근육을 단기간 내에 유연하게 만들어 주려면 영어의 스트레칭. 즉 큰 소리 연습이 가장 좋은 방법이 될 수 있었다.

영어로 말하는 게 힘들었던 가장 큰 이유는 '소리'이다. 기본적으로 영어는 우리말의 소리와는 많이 다른 소리 세계를 가지고 있다. 그런데 소리를 내는 중요한 발성기관 중 하나인 혀는 우리 몸에서 유일하게 전체가 근육으로만 이루어진 곳이다. 우리말에만 존재하는 소리만 내면서 완전히 굳어버린 혀를 영어 소리를 내는 방향과 깊이로 자유자재로 움직일 수 있게 해줘야만, 알고 있는 표현도 자연스러운 소리를 내면서 말을 할 수가 있게 된다.

작은 소리로 얘기할 때는 입을 거의 움직이지 않고도 말을 할 수 있다. 하지만 반대로 큰 소리를 내기 위해서는 전체적으로 입술과 혀를 크게 움직여줘야만 가능하다. 전혀 움직이지 않던 방향으로 혀를 움직이고 적절한 소리를 내려고 하는 연습을 반복하다 보니 초기에는 혀가 뻣뻣해지고 근육통도 생긴다. 하지만 굳어 있던 근육이 풀리는 것처럼, 결국 혀도 내가 원하는 소리를 내기 위해 필요한 움직임에 익숙해질 수 있는 것이다.

주변의 어린이들을 보면 한번 들은 영어 소리를 똑같이 내곤 한다. 그 이유는 아직 한국말의 소리를 내는 쪽으로 혀를 포함한 발성기관이 굳어 있지 않았기 때문이다. 그리고 영어 소리에 대한 '자기만의 사전정보'도 가지고 있지 않다. 그래서 들리는 소리를 그래도 받아들이고 그 소리를 그대로 구현하는 것이 상대적으로 성인들보다 쉬울 수밖에 없었던 것이다.

이렇게 그들이 내는 버터 발음의 원인을 생각해보니 힘이 빠지기도 했다. 그리고 이미 성인이 된 나는 똑같은 소리를 내는 게 불가능하지 않을까라는 의심도 들었다. 하지만 그렇기 때문에 큰 소리로 말해보는 것은 더욱 중요했다. 굳어버린 입과 혀를 부드럽게 하기 위해서는 큰 목소리로 연습하면서 풀어줘야 했기 때문이다. 물론 어릴 때부터 영어를 연습했으면 편하게 영어 소리를 낼 수 있었을 것이다. 하지만 지금부터 시작해도 전혀 불가능한 게 아니라는 것을 알면서 한 번 더 노력해보기로 했다.

큰 소리로 말하는 연습을 근육을 풀어주는 스트레칭에 비유해서 생각해보니 뿌연 안개가 걷히는 느낌이었다. 자신감의 문제가 아니라 기능적인 부분에서의 문제라는 것을 깨닫게 되고 난 후, 어떻게 해서든 큰 소리로 연습할 수 있는 장소를 찾고 실천하려고 노력하게 되었다.

꼭 해야만 하는 이유를 아는 것과 막연하게 알고 있는 것은 큰 차이가 있었다. 소리를 크게 낼 수 없는 장소에서는 입을 크게 벌리면서 소리를 내는 척이라도 하게 되었다. 큰 소리를 내서 훈련하지 않으면 결국 그 만큼의 효과를 보기 어렵다는 것을 알게 된 이상, 망설일 이유가 없었다.

물론 이후에도 장소, 컨디션, 주위 사람들의 눈치 때문에 큰 소리로 훈련하고 연습하는 것이 바로 쉬워졌던 것은 아니다. 하지만 망설이고 피하다가 보면 결국 그 자리에서 멈출 수밖에 없다는 생각을 잊지 않으려고 노력했다. 조금 발품을 팔게 되더라도 큰 소리를 내서 연습할 수 있는 장소를 찾고 주위 사람들에게도 약간의 양해를 구하면서 큰 소리 훈련을 지속했다.

많은 전문가들이 공통적으로 추천하는 방법은 그 이유가 분명히 있다. 기능적으로 꼭 필요하다고 해서 습관을 들인 큰 소리 연습을 통하여 얻게 된 좋은 점은 단순히 기능적인 것에만 한정된 것은 아니었다. 좋은 점은 일일이 나열하기 힘들 정도로 많다. 확실한 것들 중 꼭 말하고 싶은 것 하나는, 큰소리 연습이 영어를 포함한 외국어 학습 전반에 걸쳐서 이전과는 확연히 다른 효율성과 자신감을 갖게 해주었다는 것이다.

Tip

큰 소리로 연습했으면 녹음을 해보자.

귀찮다고 녹음을 안 하면 내가 제대로 소리를 내고 있는지 확인할 방법이 없다. 흔히 자기가 내는 소리는 정확하다고 착각하는 경우가 많다. 하지만 막상 녹음해서 들어보면 이게 내 목소리가 맞나 싶을 정도로 낯설게 들린다. 안에서 울리는 목소리를 듣는 것과 일단 소리가 밖으로 나와서 공기의 울림을 통해서 퍼지는 소리는 완전히 다르다. 게다가 리듬과 음정을 들리는 것처럼 똑같이 하고 있는지 여부도 꼭 확인해가면서 제대로 될 때까지 연습하는 게 좋다. 녹음은 영어뿐만 아니라 모든 외국어를 익힐 때 꼭 필요한 과정이니까 꼭 습관으로 만들어 보자.

매일 1시간 쓱 보면 툭 나오는 영어 공부법

영어의 멜로디

다른 사람이 영어로 말을 할 때 가장 먼저 관심이 가는 것은 언제나 발음이었다. 상대방이 뭐라고 하는지 못 알아들어도 원어민과 소리가 비슷하면 왠지 영어를 아주 잘하는 사람처럼 보였다. 영어 발음 때문에 굴욕을 받았다는 경험담을 읽으면서 '그래 역시 발음이 좋아야 해'라는 생각은 일종의 믿음으로 자리를 잡았었다.

'R과 L, F와 P, J와 Z 등의 소리를 어떻게 잘 구분해서 내는가?', '어떤 방식으로 발음 훈련을 할 것인가?' 말하기 훈련을 해오는 내내 단어 하나하나 정확한 소리를 내는 것에 신경을 많이 썼다. 발음 강의도 보고 혀도 굴려 보면서 열심히 좋은 발음을 내는 것에 집중했다. 혀를 굴려서 발음만 잘 내도 주변에서 인정해주니까 보람도 느끼고 신이 나기도 했다.

영어의 소리를 '발음'이라고 동일하게 생각했기 때문이었는데, 소리의 본질에 대한 이해를 완전하게 하기 전까지 나의 시선은 미국 사람 같은 소리, 일명 '빠다 발음'에 고정되어 있었다. '영어의 핵'을 만들고 '소리 세계'에 익숙해지기 위해 연습을 시작한 초기에도 이런 습관은 계속 남아 있었다. 항상 그래왔던 것처럼 발음 자체에도 무게를 상당히 많이 두고 연습을 진행했다.

그때는 발음을 미국 사람처럼 만들고 싶다는 욕심이 크기도 했다. 그러다 보니 어느새 무작정 혀를 굴리면서 원어민 발음을 똑같이 내려고 하는 것에만 집중했다. 그러면서 정작 중요한 영어 고유의 리듬과 억양은 잊고 있었던 것이다.

생각해보니 전 세계 여러 나라의 영어 구사자들의 발음도 모두 달랐다. 그런데 영어로 소통하는 데는 크게 어려움이 없어 보였다. 이런 의문은 영어 멜로디에 대해서 조금 더 자세히 알고나서. 발음 자체보다 영어가 가지는 고유의 멜로디가 더욱 중요했던 것이다. 모든 언어는 각각의 고유한 멜로디가 있다. 마치 음악과 같이 말이다. 외국어 소리를 익힐 때 우선순위를 어디다가 둬야 하는지 다시 한 번 생각해보는 계기가 되었다.

무엇을 하든지 하나씩 중요한 순서대로 집중하는 것이 중요하다. 영어의 소리 세계를 익히는 것도 마찬가지다. 가장 중요한 건 바로 영어 고유의 멜로디와 억양, 그러니까 영어만의 언어 멜로디 감각을 키우는 것이었다. 모든 언어는 고유의 흐름과 강약을 가지고 있는데 그것을 제대로 익히는 것이 소리영역 정복에 있어서 가장 핵심이라고 할 수 있다. 물론 발음이 중요하지 않다는 것은 아니지만, 가장 우선순위로 설정하고 집중해야 하는 것은 아니었다.

이렇게 발음은 언어가 가진 소리 세계의 일부분이라는 것을 이해하게 되면서 연습과 훈련의 방향을 잡을 수 있었다. '발음 자체보다 영어의 멜로디를 체득하는 것을 우선으로 한다!' 이후 영어 문장을 익힐 때 우선순위를 리듬과 음정에 두고 즉시 바꿔서 실행하기 시작했다.

우선 리듬을 익히기 위해 가장 먼저 원어민의 소리를 집중해서 들으면서 말소리의 흐름을 살폈다. '여기는 길게 말하고, 또 여기는 거의 소리를 안내고 짧게 말하고, 여기는 꽤 힘을 줘서 높은 음정으로 말을 하는구나!' 시간이 지나면서 소리의 흐름이 조금씩 귀에 들어오기 시작했다. 그러면서 그 소리를 그대로 내보려고 최대한 노력을 해봤다.

그들이 연주하는 고유의 영어멜로디를 익히려고 노력하면서 가장 먼저 느낄 수 있었던 변화는 '듣기(listening)의 편안함'이었다. 예전에는 그들의 말이 조금만 빨라지면 정신없이 따라가기에 바빴었는데, 어느 순간부터 빠른 말소리도 어렵지 않게 '감상'할 수 있게 된 것이다. 물론 전혀 모르는 단어나 표현이 들어간 말들의 의미를 이해할 수는 없었지만, 속사포와 같은 말이 쏟아질 때 느끼던 절망감은 조금씩 사라지기 시작했다. 마치 이미 낯익은 음악을 편하게 감상하는 느낌이었다.

물론 발음 연습을 완전히 멀리 한 것은 아니다. 발음도 분명히 중요한 소리의 일부이기 때문이다. 하지만 그것보다 중요한 것이 있다는 것을 알게 된 후에는 영어의 소리를 바라보고 이해하는 관점을 완전히 바꿀 수 있었다. 새로운 영어 인생이 시작되었다고 해도 과언이 아닐 정도였다.

영어 고유의 멜로디를 연주하지 않으면 듣는 원어민도 불편함을 느낀다는 것도 알게 되었다. 자신에게 익숙한 멜로디 위에 따라 오는 발음은, 완전히 그들 식의 소리가 아니어도 큰 불편함 없이 받아들이는 것을 쉽게 알 수 있었다. 완벽한 발음으로 얘기하지 못해도, 영어의 멜로디가 연주되면 의미를 오해하고 받아들이는 경우는 전혀 만날 수 없었다.

내가 오랫동안 원했던 영어는 남들에게 어떻게 보일 것인가를 고민하는 영어가 아니었다. 그저 실제 상황에서 자유롭게 내 의사를 표시하고, 듣는 상대방이 전혀 무리 없이 알아들을 수 있는 영어 실력을 원했을 뿐이다. 영어의 멜로디를 직접 연주하는 것이 익숙해지면서 덤으로 높아진 듣기 실력 덕분에 원어민들과의 의사소통 역량은 또 한 번 도약할 수 있었다.

미국 영어만으로는 힘들어!

토익학원에 잠시 다닐 때였다. 이제 영국과 호주의 발음도 알아야한다는 것을 알고 제일 먼저 든 생각은 '공부해야 할 것이 또 늘었구나.'라는 암담함이었다. 흔히 접해왔던 미국식 억양과 발음이 아닌 영어 소리를 들을 때는 항상 '당황스러움'이 먼저 찾아왔었기 때문이다.

좋아하는 미국 드라마나 헐리웃 영화에서 미국식이 아닌 소리를 만나면 전혀 못 알아듣는 경우가 대부분이었다. 원래 잘 들리지 않던(?) 영어가 더욱 안 들리니 한마디로 미쳐버릴 노릇이었다. 지금 공부하는 미국 영어의 말소리도 알아듣기 힘든데, 이건 또 언제 배워야 하는지, 또 어떤 식으로 익혀야 하는지 막막함을 느낀 적이 한두 번이 아니었다.

그럴 때마다 위축이 되고 괜히 자신감도 떨어지곤 했었다. 여러 나라의 모국어이자 공용어인 영어는 발음, 억양, 어투 그리고 표현 방법이나 단어가 나라마다 다른 경우가 많다. 나중에 다시 배울 것을 생각하면 괜히 막막하기도 했다. 나중에 하나하나 다시 공부해야 하는 것인지, 학원에 등록해서 새로운 수업을 들어야 하는 것인지 도통 감을 잡을 수가 없었다.

나 말고도 영국 영어, 호주 영어와 미국 영어 중 어느 것을 배우는 것이 이득일까 고민하는 친구들을 만나는 것은 그리 어려운 일이 아니었다. 특히 해외 어학연수에 대한 얘기를 나눌 때 이 주제는 항상 단골이었던 것 같다.

이 때 도움이 되었던 것은 '거꾸로 생각하기'이다. 한국어를 배우고 있는 외국인 친구가 북한말, 경상도말, 전라도말 등에 관해서 비슷한 질문을 하면 뭐라고 얘기해줄까? 곰곰이 생각해보니 실마리가 잡히는 느낌이었다.

영어가 특별한 언어라는 무의식을 버리고, 그저 수많은 언어 중 하나일 뿐이라는 사실에 집중한 상태에서 상황을 뒤집어 생각해보는 것은 많은 주제에서 유용했다. 이 문제 역시 거꾸로 생각해보니 고민의 해결 방법을 어렵지 않게 찾을 수 있었다.

내가 이제까지 접해왔던 영어 소리는 대부분 미국, 캐나다 등 북미 쪽의 일반적인 소리였다. 우리말과 같이 영어도 나라와 지역에 따라서 억양이나 어휘, 표현들이 제각각인 경우가 많다. 그런데 나는 다른 대륙 영어권 국가 언어의 일반적 소리에 대한 경험 자체가 부족했다. 게다가 영어 자체도 아직 나의 또 다른 언어(second language)로 체득하지 못한 상태였다.

잘 듣고 이해할 수 없는 것이 지극히 당연했다. 자연스런 경우라면 잘 알아듣지 못한다고 자책할 이유가 전혀 없다. 다만 시험에 출제된다는 이유로 마치 잘 알아듣는 것이 초보학습자들의 기본적인 역량이라고 스스로 믿어왔었다.

만약 어떤 외국인이 나에게 한국어를 유창하게 말하고 싶어서 공부하고 연습하는 절차에 대한 고민 상담을 한다고 가정해보자. 나는 일단 표준말부터 확실히 익히고 나중에 각 지방의 고유어를 잘 사용하는 친구 한 두 명을 사귀거나, 그런 종류의 영화를 많이 보라고 말해줄 것이다.

이런 식으로 한국어를 배우는 외국인의 입장에 서서 거꾸로 생각해 보니 모든 것이 달라졌다. 어느 정도 실력이 갖춰지고 나서 각종 영어 소리와 그들만의 독특한 표현 방식에 익숙해지는 연습만 하면 되는 간단한 문제였다. 너무나도 당연한 사실이라 그런 식의 생각 자체를 해보지 못한 것이 더 이상할 정도였다.

이렇게 마음 편하게 생각을 정리한 후 일단 하나의 기준점인 미국식 소리와 표현을 익히는 데에만 집중했다. 우선은 한 놈만 확실하게! 많은 초보학습자들이 한두 번쯤은 고민해 보는 영국식 영어. 어차피 세계에는 수많은 억양과 자신만의 말투로 영어를 구사하는 사람들로 가득하다. '영어이기 때문에 공통적으로 가지는 언어적 속성'있다는 점을 기억하고 익힌 다음, 그 부분만 잘 지켜준다면 '~식 영어'는 그렇게 어렵지 않은 문제다.

복습은 선택이 아니라 필수다

복습이 중요하다는 것은 늘 들어서 알고 있었다. 하지만 정말 신경 쓰지 않으면 놓치기 쉬운 것도 사실이다. 나는 재미있는 것도 한 번 본 것은 다시 보지 않는다. 그 정도로 무언가를 여러 번 보는 것을 좋아하지 않는다. 그 정도로 한 번 했던 것을 다시 하는 것이 어렵다.

하루에 주어진 분량이 있으면 외워서 쓰고 말하는 과정을 지나는 게 그렇게 재미있지는 않다. 그런 것을 한 번 더 반복하고 다시 외우고 하려니 꽤나 고역이었다. 새로운 지식을 배우고 진도를 나가는 것이 훨씬 더 재미있었기 때문에 자연스럽게 복습은 후순위로 밀릴 수밖에 없었다. 복습은 중요하지만 안 해도 계속해서 새로운 지식을 넣으면 대체될 수 있다고 생각했다. 계속 배우다 보면 겹치는 부분이 있을 것이고 재미 없는 복습을 계속 하기보다는 새로운 내용을 익히는 것이 더 좋았다.

그렇게 계속 진도만 나가고 복습은 점점 멀어졌다. 하지만 언제나 해답은 '기본으로 돌아가는 것'에 있었다.

매일 1시간 쓱 보면 툭 나오는 영어 공부법

Tip

시간 간격을 두고 연습하기

외과 수련의 38명이 현미경을 이용하여 미세한 혈관을 다시 잇는 수술에 대한 수업을 들었다. (출처: 핸리 뢰디거 등, <어떻게 공부할 것인가>, 와이즈베리, 2014, 71p). 수업은 교육을 조금 받은 후 연습을 하는 방식이었다. 이들 중 절반은 하루 네 번의 수업을 받았고, 나머지는 네 번의 수업을 받되 수업 사이에 일주일씩 간격을 두었다. 일정 시간이 지난 후 진행된 테스트에서 일주일 간격을 두고 수업을 받은 집단이 모든 면에서 더 나은 결과를 얻었다. 이를 통해 벼락치기를 하는 것보다 시간 간격을 두고 연습하는 게 더 효과가 좋다는 것을 알 수 있다.

복습의 중요성을 뼈저리게 느끼고 나서는 내가 하는 것이 복습이 아니라 체화의 과정에 가는 길이라고 생각하려고 했다. 복습이라는 표현을 쓰면 재미없고 한 것을 또 하는 느낌이 들어서 이렇게 스스로 생각을 바꾸려고 했다. 사실 영어로 말을 하려면 그 표현이나 리듬이 체화가 되어야지 자연스럽게 나온다. 하지만 학원의 커리큘럼에 맞추기 위해서 계속해서 진도를 나갔고 그 습관이 스스로 훈련할 때도 이어져서 체화의 길에서는 점점 멀어졌던 것이다.

그다음부터는 새로운 진도에 대한 욕심을 버리고 지겹더라도 했던 것을 다시 보기 시작했다. 계속해서 보면서 복습을 1순위에 두고 했던 것을 완벽하게 하기 위해 반복했다. 하루 뒤, 일주일, 한 달 주기로 스스로 만족할 만큼 반복하여서 체화의 과정에 도달하려고 했다. 마음속으로는 불안했지만 서서히 내가 그 말들이 내 입에서 자연스럽게 나오는 것을 보고 확신을 가지기 시작했다. 복습은 선택이 아니라 너무나도 당연하게 해야 하는 것이었다. 어릴 적에 학교에서 선생님이 "너희들 복습 안 하면 아무 소용없다. 수업 안 들어도 된다!"라고 했던 말씀을 다시 한 번 생각나게 했다.

Tip

복습할 때 조심해야 할 것

많은 사람들이 복습을 할 때 단순히 영어 문장을 보면서 여러 번 반복해서 읽는다. 이렇게 연습하는 것이 쉽고 간편하게 느껴지고, 한편으로는 잘 외워지는 것 같은 생각도 들기 때문이다. 하지만 이렇게 외운 문장은 오래가지 못한다. 실제로 시간이 조금 지난 후, 한국어를 불러주고 영어로 말해 보라고 하면 대부분의 분들이 제대로 대답하지 못한다.

이는 해답지를 보면서 수학 문제를 푸는 것과 같다. 당시에는 아는 것 같다는 착각에 빠지지만 실제로 시험장에서 문제를 제대로 풀지 못하기 때문이다. 즉 단순 반복해서 읽은 영어 문장은 실전 대화에서 사용하지 못할 확률이 크다.

그래서 문장을 연습할 때는 영어 문장을 가린 채 한국어 문장만 보면서 말해보려는 노력을 해야 한다. 어릴 때 봤던 일종의 시험과도 같다. 실전 상황에서 영어 자막은 주어지지 않는다. 그런 상황에 익숙해지게 만드는 것이다. 그리고 이렇게 하면 내가 무엇을 알고 무엇을 모르는지도 확인할 수 있다는 장점도 있다. 조금 힘들더라도 꼭 이렇게 연습해보자. 분량에 대한 욕심을 줄이더라도 제대로 연습하면 훨씬 더 빨리 성장할 수 있다.

"나만의 영어 가정교사를 가지는 게 꿈이었어요."

이승빈(10대 / 고등학생)

승빈군은 우연한 계기로 11살 때부터 요리사의 꿈을 꾸게 되었고, 호주로 요리 유학을 가야겠다고 결심했다. 유학을 가려면 영어는 빠질 수 없는 부분이었다.

주입식으로 영어 시험 스킬만 가르쳐 주는 학원을 다녀 봤지만 한 달이 채 가지 못했고, 학교 공부도 재미없어서 늘 잠만 잤다. 유튜브에서 '원어민 패턴 외워보자!'라는 것도 찾아 봤지만 하나도 모르는 것들을 무작정 외우려니 힘이 들었다.

이런 저런 고민을 할 무렵 PC방에서 '영어'를 키워드로 검색하다가 우연히 '매일 1시간 쓱 보면 툭 나오는 영어 공부법'을 발견했다. 영어 왕초보자를 위한 프로그램이고 쉽고 재미있게 할 수 있다는 말에 혹해서 덜컥 30일 도전에 신청서를 냈다.

가장 좋았던 점은 '언제나 만날 수 있는 영어 멘토'가 생겼다는 것이다. 예전부터 늘 '영어 가정교사가 있었으면 좋겠다. 그러면 나도 영어를 잘 할 수 있을 텐데…'라고 생각했는데 스마트폰에서 나오는 음성을 반복해서 들으면서 그 꿈을 간접적으로나마 이룰 수 있었다.

예전에도 영어를 공부한 적은 있었지만 항상 영어 문장이 외계어처럼 보여서 외우기 힘들었다. 무작정 외우는 것도 하루이틀이지, 결국 뒤죽박죽 섞여서 좀처럼 진도가 나가지 않는다고 했다. 하지만 영어의 구조와 멜로디를 익히면서 외우니 한결 편하게 외울 수 있었다. 그렇게 첫 한달 동안 100문장을 외우니 나도 할 수 있다는 자신감이 조금씩 생겼다.

주변에서는 '하루 5문장으로 되겠어? 적어도 20문장 정도는 해야지'라는 말을 많이 들었다. 하지만 꾸준함의 힘을 믿었다. 매일 꾸준히만 한다면 200일이면 1000문장이 될 수 있다는 생각을 했다. 그리고 많은 문장을 대충 문장을 알고 지나가는 것은 나중에 큰 도움이 되지 않을 거라는 것을 알고 있었다.

그렇게 '제대로 꾸준하게 하자'라는 생각으로 시간을 보내다보니 어느새 '완전한 내 것으로 된 문장'이 1000문장을 훌쩍 넘어섰다. (그리고 지금은 기본기가 만들어져서 하루에 50문장도 어렵지 않게 외운다.)

어느 정도 Input이 쌓인 시점부터는 적극적으로 Output을 할 기회를 찾아다니기 시작했다. 스마트폰 어플을 활용해서 외국인과 채팅을 하기도 하고, 친해진 외국인과는 3~4시간 이상 통화를 하기도 했다. 처음에는 번역기의 도움을 받기도 했지만 시간이 지날수록 그럴 필요가 없어졌다. 내가 연습한 문장들을 활용하는 게 익숙해지면서 하고 싶은 말들을 편하게 할 수 있게 된 것이다. 실제로 외국인과 만나고 싶어서 영어 통역봉사에 지원해서 활동하기도 하면서 점점 활동폭을 넓혀나갔다.

영어를 잘 하게 되면서 학교에서 치르는 시험들도 크게 어렵지 않게 느껴졌다. 특히 영어 프리젠테이션 수행평가를 할 때는 제한 시간을 넘어 혼자 5분 이상동안 자유롭게 말하기도 했다. 덕분에 친구들과 선생님의 시선도 많이 달라졌다고 했다. 예전에는 공부 안 하고 잠만 자는 아이였다면, 이제는 영어도 잘 하고 공부도 열심히 하는 아이로 이미지가 180도 바뀐 것이다.

"저도 처음 시작할 때 이 정도까지 할 수 있을지 몰랐어요. 예전에는 요리사가 되는 것만 생각했는데 지금은 영어 공부를 열심히 해서 영어 강사도 되고 싶어요. 물론 호주로 요리 유학도 갈 생각입니다. 하고 싶은 게 너무 많아졌는데 어떻게 하죠?"

OUTPUT

이제는 영어로
말을 해보자!

'한국에서 영어 말하기 연습을 하는 것은 불가능해!'

사실 마음만 먹으면 내 방에서도 충분히 할 수 있다.
이제까지 적절한 학습방법과 재료를 만나지 못했을 뿐.

낯을 가리는 분들도!
외국인을 마주할 기회가 없는 분들도!
영어 말하기를 한 번도 해본 적이 없는 분들도!
올바른 방법으로 꾸준히 한다면,
이제까지 배운 500문장을 활용해서 영어 말하기를 할 수 있다.

매일 1시간만 공부해도 영어 말하기를 할 수 있는 방법부터,
영어 말하기를 가로막고 있는 여러 가지 고정관념들을 알아보자!

PART 3

영어로 유창하게
말하는 것이란?

영어를 자유자재로 구사하는 사람들을 보면 부러웠다. '영어로 말을 유창하게 구사하는 것'은 어릴 때부터 늘 꿈꿔왔던 일이었다. 하지만 그때 나는 유창하게 말하는 것의 개념을 오해하고 있었다. 그저 딱 보기에 좋은 발음으로 말을 빨리하면 다 유창한 줄 알았다. 영어로 말할 때 고급스러운 표현을 쓰거나 조리 있게 말하는 사람을 보면 '저 사람은 영어를 유창하게 하는구나'라고 생각하면서 부러워했다.

그래서 그냥 말을 할 때도 내가 생각하기에 좀 더 고급스러운 표현을 쓰려고 애썼다. 좀 더 격식 있고 어려워 보이는 것을 쓰면 좀 더 유창하게 보였기 때문이다. 딱 정리해서 조리 있게 말하려다 보니 중간에 생각하는 시간도 길어지고 말투가 딱딱해졌다. 하지만 그것은 '영어로 유창하게 말하기'의 한 과정이라고 대수롭지 않게 여겼다.

하지만 시행착오를 겪으면서 말을 유창하게 한다는 것의 진정한 의미를 알게 되었다. 유창하게 말한다는 것은 '아는 말을 가지고 내 의사를 표시함에 있어서 주저하지 않는 것'이었다.

갓 말을 시작하는 아기의 경우, 고민하지 않고 하고 싶은 말을 마음대로 한다. 문법이 맞는지, 정확한 표현인지 크게 고민하지 않는다. 성인도 이와 다르지 않다. 내가 정확하게 틀린 문법을 쓰고 있는지 의식하지 않고 떠오르는 생각대로 말한다면 유창하게 말한다고 할 수 있다. 그래서 우선은 '심리적인 상태에서의 유창성'을 먼저 확보할 필요가 있었다.

사실 심리적인 유창성에 대해서 생각하기 전에는 항상 부담을 가지고 영어로 말하곤 했다. 자주 '내가 말을 이상하게 해서 오해가 생기면 어떻게 하지?'라는 생각을 하고, 말을 잘하지 못한 날이면 기분이 침울해졌다. 영어로 말을 할 때마다 마치 남들 앞에서 발표를 하는 기분이 들었다. 더욱더 어려워 보이는 표현으로 정확하고 조리 있게 말을 하는 것에 집중하다 보니까 언제나 영어로 말을 하는 것이 힘들었다.

하지만 유창성에 대한 개념을 다시 잡으면서 말하는 게 훨씬 더 편해졌다. 남들의 시선을 생각하지 않고 내가 쓸 수 있는 표현을 바탕으로 자유롭게 얘기하려고 했다. 지나치게 남들을 의식하던 마음을 바꾼 것이다. '어법상 좀 틀린 말이면 어때? 어차피 외국인들도 보니까 평소에 말할 때 정확하게 얘기하지 않더니만'이라고 스스로를 설득했다.

그러고 나니 영어로 말을 하는 것이 크게 두렵지 않았다. 사실 한국어로도 그렇게 정확하고 조리 있게 말하지 못하는 내가 영어로 갑자기 그렇게 말한다는 것이 어려운 것은 당연했다. 잘못된 생각을 바꾸니 영어가 좀 더 편안하게 나오기 시작했다.

나도 원어민처럼!

'영어로 원어민을 이기자!'라는 문구를 본 적이 있다. 영어를 얼마만큼 공부하면 원어민을 이길 수 있을까? 그리고 과연 원어민을 영어로 이기는 것은 무엇을 말하는 것일까?

이런 광고들 탓인지는 몰라도 언젠가부터 영어에 관한 나의 최종 목표는 막연하게 '영어를 모국어처럼 구사하는 것'으로 굳어졌었다. 그렇게만 된다면 교육수준이 낮은 웬만한 미국인보다는 좀 더 세련되게 영어를 구사할 수 있을 것이라고 믿었다. 하지만 영어로 미국인을 이겨 보겠다는 막연한 목표는 내 영어 실력이 안겨주는 좌절감만 더해 주었다.

'남들은 잘만 이루는 목표 같은데 나는 도대체 뭐가 문제일까?'

이런 고민들을 할수록 영어 공부의 의욕이 떨어져 갔다. 하지만 다른 한 편으로는 약간의 의구심도 들었다.

'각종 매체나 강의실에서는 만나는 영어 강사, 또는 생활 주변에서 가끔 만나는 유창한 스피킹 실력 보유자들 중에서 원어민과 비슷하거나

동일한 수준의 영어 실력을 가진 사람들이 몇이나 될까?'

예전에는 강의실에 있는 스피킹 강사들은 대부분 원어민급이나 거의 준원어민급이라고 생각했다. 하지만 고민의 실마리를 찾기 위해 여러 사람을 만나고 이야기한 이후 시각이 조금씩 바뀌기 시작했다.

외국어와 모국어가 가진 격차를 인정하고 현실적인 목표를 잡기 위해서 생각을 정리해보았다. 영어로 전문적인 어휘와 표현을 많이 익히고 해당 분야의 지식을 동원해 원어민과 토론을 해서 내 입장을 관철시켰다고 치자. 그렇다고 해서 과연 원어민보다 영어를 더 잘한다고 말할 수 있을까?

요즘 인기 프로그램인 '비정상회담'에는 한국어를 유창하게 구사하는 외국인들이 나온다. 그 외국인들과 그들의 전공이나 전문분야에서 토론해서 졌다면 내가 그 외국인들보다 한국어를 못 하는 것일까?

그들이 아무리 한국어 구사 능력이 뛰어나다고 해도 넘을 수 없는 선이 있다. 한국어의 자연스러움, 한국인이 자주 쓰는 표현 등 다양한 분야에서 한국에서 태어나고 교육받으면서 자란 토종 한국인과는 인정할 수밖에 없는 격차가 존재하는 것이다. 외국인이기 때문에 가질 수밖에 없는 격차는 인정하고 시작하는 것이 중요하다는 사실을 전혀 몰랐었다. 생각해보면 너무나 당연한 사실인데 말이다.

이렇게 생각을 정리하고 나서부터 현실적으로 거의 불가능한 목표를 세우고 난 후 고민하는 습관을 서서히 버리기 시작했다. 어렵게 느껴지는 표현이나 전문적인 분야의 어휘를 익히기 보다는 자연스럽고 원활한 대화가 가능한 대화법이나 대중적인 표현들에 집중하기 시작했다.

결과는 아주 좋았다. 어느 순간부터 가끔 만나게 되는 외국인 친구들에게 '너는 말을 참 자연스럽게 한다.'는 얘기가 들려오기 시작했다. 외국에 나가서 공부하거나 살다 오지 않았어도 그들이 평소에 자주 쓰거나 말을 한층 부드럽게 해주는 각종 표현을 익힘으로써, 얼마든지 자연스럽게 소통할 수 있다는 것을 직접 경험하면서, 영어에 대한 자신감을 조금 더 다질 수 있었다.

바꿔 말하기

'배운 문장을 그대로 사용할 기회가 얼마나 있을까?'

영어 문장을 열심히 외우다 보면 이런 의문이 든다. 하지만 안타깝게도 그런 상황은 거의 찾아오지 않는다. 그렇다면 왜 우리는 이렇게 열심히 영어 문장을 외운 걸까? 그 문장들을 활용해서 다양한 말을 만들기 위해서이다.

여러 문장을 통해서 구조와 멜로디를 익히면 스스로 문장을 만들 수 있는 수준까지 이를 수 있다. 많은 사람이 '새로운 문장을 만드는 것'에 대한 두려움을 가지고 있다. 이럴 때는 한 단계씩 차근차근 접근하면 좋다. 영어핵 기본기 만들기 500문장을 가지고 바꿔 말하는 방법을 예로 들어 보자.

STEP 1. 준비단계 문장 활용해서 바꿔 말하기

1. 네 새 드레스 맘에 든다. (I like your new dress.)

2. 그들은 패스트푸드 식당에 들어갔다.

   (They entered a fast food restaurant.)

3. 나는 내 취미를 즐길 것이다. (I will enjoy my hobby.)

4. 수정 펜이 필요하세요? (Do you need a correction pen?)

5. 또 아침 건너뛰었어? (Did you skip breakfast again?)

해당 문장들을 바꿔 말해 보자. 주어, 시제, 대상 등을 다른 말로 바꿔서 문장을 만들어 보자. 배운 표현을 활용하는 것이기 때문에 영어 지식이 없는 왕초보 분들도 충분히 할 수 있다. 진도를 나갈수록 더 다양하게 바꿔 말할 수 있다.

바꿔말하기 예시

제 수정 펜이 마음에 드나요? (Do you like my correction pen?)

나는 패스트푸드점에 들어갈 거야. (I will enter a fast food restaurant.)

나는 내 취미가 마음에 든다. (I like my hobby.)

저는 새 드레스가 필요해요. (I need a new dress.)

저는 저녁을 거르지 않았어요. (I didn't skip dinner.)

STEP 2. 기초문법을 이용한 바꿔 말하기

1. I buy a newspaper once a week. (저는 일주일에 한 번 신문을 삽니다)

2. She studies English every day. (그녀는 매일 영어 공부를 해요.)

3. I often lose my cellphone. (저는 휴대전화를 자주 잃어버려요.)

4. They don't know my phone number. (그들은 제 전화번호를 몰라요.)

5. You never think about other people.

(당신은 절대 다른 사람에 대해 생각하지 않아요.)

이번에는 기초문법의 예문을 활용해서 바꿔 말하기를 해보자. 사실 각 파트의 느낌을 제대로 이해하기 위해서는 10문장이 부족할 수 있다. 하지만 문장이 많아질수록 부담감도 커진다. 또한 이미 배운 문장도 제대로 못 끝냈는데 새로운 INPUT을 계속해서 넣는 것도 비효율적이다. 이럴 때는 이미 배웠던 예문을 활용해서 바꿔말하기를 해보자.

(ex) 기초문법 DAY 1 단순현재시제 예문 + DAY 7 조동사 의무 느낌 더하기

I have to buy a newspaper. (저는 신문을 사야 합니다.)
She has to study English every day. (그녀는 매일 영어 공부를 해야 합니다.)
I must not lose my cell phone. (저는 휴대전화를 잃어버리면 안 돼요.)
They don't have to know my phone number. (그들은 내 전화번호를 알 필요가 없다.)
You should think about other people. (넌 다른 사람에 대해서 좀 생각해 봐야 해.)

STEP 3. Korean Mistakes 문장을 이용해서 스토리 만들어 보기

한 문장씩 바꿔 말하는 게 익숙해 졌으면 이제 스토리를 만들어 보자. 배운 문장들을 활용해서 긴 문장을 만들어 보는 것이다. 오늘 하루 있었던 일을 말해도 좋고, 하고 싶은 일을 말해도 좋다. 여기서 하나 주의할 점이 있는데 부드럽고 깔끔한 글을 쓰려는 욕심을 버는 것이다. 친구에게 얘기하거나 SNS에 올리는 것처럼 편하게 자신의 생각을 말하는 것이다.

녹음을 해봐도 좋고, 시간의 여유가 있다면 글로 적어보는 것도 좋다. 처음에는 어색하지만 시간이 지날수록 점점 자연스럽게 말할 수 있을 것이다. 배운 문장들을 적극 활용하면서 짧은 이야기를 만들어 보자.

(ex) 승빈군의 스토리텔링 예시 (7번째 이야기)

Today i was so tired because 8 hours ago i was in school. and i studied so hard about English. and i wrote about Devil wears prada's movie script. but the script was so much, anyway after school i studied with my friend at the school's class room, and later i went to home with my friend and we ate dinner there, and now i'm in cafe for study. yeah just before. i studied so hard as always.and now umm.. i don't know what to do, i just thinking and thinking but i have to review later.and i'm gonna home in 3 hours and then i'll watch a movie at my room······okay anyway i can't write anymore so let's call it a day byee see you later.

★ 그 당시에 쓴 글을 수정하지 않고 그대로 가지고 왔습니다. 영어 공부 초창기에 자유롭게 쓴 글이기 때문에 오타와 문법적 실수도 여러 군데 포함되어 있습니다.

Self Question
(내방에서 할 수 있는 OUTPUT 연습)

영어로 말을 잘하기 위해서는 영어로 말을 많이 해봐야 한다는 것은 예전부터 알고 있었다. 하지만 한국에서 영어 말하기 연습을 하기란 쉽지 않았다. 만일 내가 외국에 거주하고 있다면 주변의 상황 때문에 어쩔 수 없이 영어를 꾸준히 사용하게 되고, 자연스럽게 영어 말하기에 익숙해질 수 있었을 것이다. 하지만 한국에서, 그것도 내 방에서 어학연수를 도전했던 나는 다른 방법을 모색해야 했다. 그렇지 않으면 몇 달이 지나도 영어 말하기 연습을 할 기회가 없어 보였기 때문이다. 집에서도 스스로 꾸준히 할 수 있는 output 방법이 필요했다.

누군가는 나에게 '외국인 여자친구를 만나봐라'라는 말도 했었다. 서로 사귀게 되면 매일 통화와 문자를 주고받게 될 것이고, 자연스럽게 영어 실력도 늘 것이기 때문이다. 혹은 이태원이나 강남에서 하는 외국인 파티에 참석해 보라는 말도 들었다.

물론 좋은 방법이지만, 내가 실천하기에는 조금 무리가 있어 보였다.

영어 때문에 외국인 여자친구를 만난다는 것에 거부감이 들기도 했다. 외국인 파티에도 몇 번 참가해 봤지만, 아직 자신감이 없어서 다양한 외국인들과 얘기하는 것에 부담감을 느끼기도 했다. 가끔 파티에 참석해서 몇 마디 주고받는 것으로는 부족하다고 생각했다. 그보다는 매일 꾸준히 할 수 있는 근본적인 해결책이 필요했다.

내가 처음으로 시도했던 방법은 오늘 하루에 있었던 일을 영어로 말해보는 것이었다. 할 말이 없으면 아무 말이나 해보라는 주변의 조언에 혼잣말로 중얼거리기 시작했다. 하지만 며칠이 지나니 할 말이 떨어지기 시작했다. 늘 같은 일상을 보내다 보니 같은 말만 반복하고 있는 느낌이었다. 생각해보니 한국어로 아무 말이나 하는 것도 쉽지 않았다. 1분이 지나고 나면 무슨 말을 해야 할지 몰라 방황하는 시간이 늘어났다.

평소 이야기를 잘하는 몇몇 친구들은 큰 어려움이 없어 보였다. 하지만 이야기를 만드는 연습이 되지 않았던 나는 매일 output 연습을 하는 것이 고역이었다. 어떤 날은 한국어로 고민고민하면서 이야기를 모두 만든 후, 번역기를 사용해서 하나하나 번역하기도 했다. 정작 영어로 말하는 연습을 하는 시간보다는 '이야기를 만드는' 시간이 더 많이 걸릴 때도 있었다.

혼자서 말하는 답답함 때문에 시작했던 것이 '한국 사람과의 스터디'였다. 영어 공부를 하는 친구들과 정기적으로 만나던 다양한 주제들을 바탕으로 말하기 연습을 진행했다. 각자 준비한 질문을 서로에게 해주니 말이 훨씬 더 편하게 나오는 느낌이었다. 어떤 주제로 말할지 고민하던 것에 비해서는 한결 쉬워진 느낌이었다.

하지만 매일같이 친구들과 만나서 말하기 연습을 할 수는 없었다. 그래서 생각한 것이 'Self Question'으로 말하기 연습을 하는 것이다. 구글링을 하면 다양한 영어 질문들을 찾아볼 수 있었는데, 누군가가 나에게 질문을 한다고 생각하고 하나씩 답을 해보았다. 혼자서 질문을 말해보고 답변을 하면서 1인 2역을 했던 것이다. 질문이 준비되어 있으니, 어떤 주제로 말을 이어갈지에 대한 고민을 할 필요가 없었다. 다양한 질문들에 대해서 답변을 해보니, 실제로 외국인 친구들과 대화하는 기분이 들었다.

실제로 사람들과 영어 스터디를 할 때도 '질문'에 대한 갈증은 늘 있었다. 대화를 잘 이끌어가기 위해서는 다양한 질문이 꼭 필요했기 때문이다. 그런 질문들이 준비되지 않은 날이면 그냥 어제 있었던 일을 간단히 질문하다가 흐지부지 스터디가 끝나는 경우도 많았다.

한국의 유명 토크쇼를 봐도 유명한 MC들은 정말 질문을 잘한다. 원래 말을 잘 못 하는 사람도 좋은 질문을 받으면 말을 잘하게 된다. 적절한 질문은 '말하기 능력'을 키우는 데 있어서 꼭 필요한 부분이다.

그때부터, 구글링을 통해서 양질을 질문을 찾아서 정리했다. 외국인과 실제 대화에서 할 수 있는 질문들을 주제별로 정리하고, 말하기 연습을 시작했다. 그 후 다시 외국인 친구들을 만났을 때 변화된 내 모습에 깜짝 놀랐다.

예전에는 그 상황이 어색해서 간단한 리액션과 짧은 대화만 하는 경우가 많았지만, 이제는 자연스럽게 질문을 하고 있었던 것이다. 여러 가지 질문과 연습했던 답변들을 바탕으로 오랜만에 마음 편히 대화를 나눌 수 있었다.

매일 1시간 쓱 보면 툭 나오는 영어 공부법

내방에서 영어 말하기 연습하기

1. 핸드폰 알람을 설정한다. (3분/5분/10분)

2. 알람이 울리기 전까지 PART3에 있는 질문을 보고 영어로 말을 해본다. 실제 대화를 하고 있다고 생각하고 영어 질문도 자연스럽게 해본다.

3. 완벽한 문장, 잘 정리된 문장으로 말하려는 욕심을 버린다. 여기서 중요한 것은 영어로 말하는 어색함을 없애는 것이다. 해당 시간을 책임진다는 생각으로 아무 말이나 해도 괜찮다. 같은 질문을 몇 번 반복하다 보면 자연스럽게 말이 정리된다.

전 세계의 원어민들과 언어교환 하기

'Self Question'을 통해서 영어로 말하는 데 익숙해졌다면, 실전으로 넘어가보자. 스마트폰 어플을 이용해서 전 세계의 원어민과 대화할 기회를 얻을 수 있다. 조금 더 용기가 생겼다면 오프라인에서 직접 만나보는 것도 추천한다.

스마트폰으로 세계의 원어민과 대화하면서 외국어를 배울 수 있는 곳

★ (어플리케이션: '헬로우 톡 Hello Talk')

서로의 언어를 교환하면서 공부도 하고 친구도 될 수 있는 곳

★ https://conversationexchange.com/

내 관심 분야를 외국인 친구들과 함께 즐길 수 있는 곳

★ https://www.meetup.com/ko-KR/

낯선 사람들

영어 울렁증은 나와 평생 떨어질 것 같지 않은 지긋지긋한 친구(?)였다. 외국인과 한자리에 있게 되면 가볍게 한마디 꺼내는 것도 너무나 힘들었다. 공부했던 표현들은 전혀 생각나지 않고 어쩌다 알 것 같은 표현들은 입에서만 맴돌았다. 머릿속은 바쁘게 돌아갔지만 결국 우물쭈물대다가 말 한마디 제대로 못 하고 도망가는 경우가 대부분이었다.

이런 울렁증은 오랜 시간 나를 괴롭혔다. 심지어 영어 말하기를 훈련하고 실력이 조금씩 좋아질 때까지도 말이다. 영어로 말을 하려고만 하면 아무 이유 없이 몸에 힘이 들어가고 가슴이 두근두근 떨리기 시작했다. 아직 영어 실력이 부족해서 그런 것이라고 스스로를 위안하면서 다음에는 잘해봐야지라는 마음만 먹기를 수도 없이 반복했다. 도대체 얼마나 영어를 잘해야지 울렁증이 없어질까를 고민했고, 결국 앞이 안 보이는 싸움에 스스로 지쳐가고 있었다.

결국 아무리 공부를 열심히 해도 영어 울렁증의 굴레에서 탈출하기란 결국 불가능한 것 아니냐는 의문이 늘어났다. 하지만 다른 한 편으로는 '정말 영어만 잘하면 없어질까?'라는 생각도 들었다. 진짜 본질적인 이유를 찾지 못하면 고민은 계속될 것이었다. 영어 울렁증도 마찬가지이다. 내가 가지고 있는 영어 울렁증은 영어보다 그 주위를 둘러싸고 있는 다른 요인들이 문제이지 않을까?

　이런 생각은 내게 완전히 다른 관점에서 영어울렁증을 생각해볼 수 있는 결정적인 계기가 되어 주었다. 사실 나는 처음 보는 사람 앞에서는 그렇게 활발하게 말을 잘하는 사람이 아니다. 남의 눈을 신경 쓰는 편이라 아주 편한 자리가 아니면 낯선 한국 사람과 어울리는 것에도 부담을 느낀다.

　되돌아보니 조금씩 말 실력이 좋아졌어도 외국인을 만날 때 생기는 부담감은 좀처럼 없어지지 않았던 것 같았다. 그런데 부담감의 원인을 오직 영어에서만 찾고 오직 '영어만 잘하면' 이런 부담감이 없어질 것이라고 항상 생각해왔던 것이다.

　지금까지는 전혀 다른 방향으로 생각을 정리한 후, 내성적인 성격과 대인 교류의 자세를 변화시키려고 노력하기 시작했다. 사람들과 교류할 때 '나는 낯을 가리는 성격이야'라며 스스로를 가두는 습관을 버리려고 노력했다. 다른 사람과 눈을 마주치면서 얘기하고, 그들의 말을 예전보다 집중해서 잘 듣기 시작했다.

　꾸준하게 노력을 하다 보니 서서히 변화가 찾아왔다. 낯선 이와의 대화 상황은 물론이고 영어를 사용한 외국인과의 대화에서도 언제나 느끼던 부담감이 훨씬 줄어든 것이다.

오랜 시간 동안 나를 지독하게 괴롭혀왔던 영어 울렁증에서 벗어날 수도 있겠다는 희미한 느낌이 찾아오기 시작했다. 그 순간 느꼈던 찰나의 해방감은 지금도 잊을 수가 없다. 물론 꾸준히 실천해온 말하기 연습 덕분에 스스로 자신감이 붙어서 그런 것도 있을 것이다. 하지만 근본적인 이유는 영어 외적인 부분을 바꾸려고 스스로 노력했기 때문임이 분명하다.

만약 무조건 영어 때문이라고만 생각했다면 외국인과 함께 하는 자리에서의 스트레스는 지금까지 이어졌을 것이다. 결과적으로 교류 자체를 방해하는 요소이니 영어 실력 향상에도 꽤 방해가 되었을 테고 말이다. 낯선 사람들과 만나고 어울리는 것에 대한 자신감과 편안함은 내게 외국인과의 영어 대화 상황을 즐길 수 있게 만들어 주었고, 결국 영어 울렁증과 완전히 작별할 수 있는 근본적인 출발점이 되어 주었다.

정확성에 대한 강박관념 버리기

영어에 관해서 가장 많이 듣던 말 중의 하나.

'규칙을 제대로 알고 있어야 영어 말하기가 자연스럽게 된다!'

문법적인 이해는 물론이고 '이런 표현은 이런 상황'에서 사용하는 것이 바른 것인데, 해당 표현의 정확한 쓰임새에 대한 지식이 없으면 유창한 영어를 구사하기 어렵다는 것이다.

또 이런 말도 있다.

'상황에 적합하게 자유자재로 말하려면 제대로 읽을 줄도 알아야 하고, 잘 들을 수도 있어야 한다!'

외국어 습득에 관한 기초 지식이나 나만의 노하우가 없던 내게는 이런 말들은 일종의 진리였다.

'여기도 한두 달 해보니까 별로인 것 같은데, 어느 학원의 어떤 강사가 좀 더 제대로 가르쳐 줄까?'

문법, 읽는 방법, 듣는 방법 등의 비법을 알려주는 책이나 강의를 찾아다니는 패턴이 오랫동안 반복되었다. 가는 방향에 대한 확신이 없으면 항상 불안감을 안고 지내다가 결국에 지치기 마련이다. 무엇을 얼마나 알아야 유창한(?) 영어가 가능한가에 대한 고민 도중 조금은 엉뚱한 방법을 제안받게 되었다.

"일단 틀리고 맞는지는 나중에 고민하고 아는 대로 뱉는 습관을 먼저 만들어봐. 재원군은 한국말 유창하게 잘하지? 시간을 잠깐 내서 평소 얘기하는 걸 녹음해서 한번 들어볼래? 얼마나 정확하고 수려하게 말을 하는지 스스로 평가해보면 말을 유창하게 한다는 것에 대한 생각을 조금은 바꿀 수 있을 거야."

규칙을 정확하게 알고 있어야 말도 잘 할 수 있다고 굳게 믿고 있었던 내게, 당연히 '틀려도 좋으니까 말을 먼저 해봐라'식의 얘기가 처음부터 귀에 들어올 리가 없었다.

'실수를 하기 싫으니까 정확하게 배우려고 하는 것이고, 그래야만 말을 잘 할 수 있는 거 아니야?'

정확하고 자세하게 알아야지 잘 쓸 수 있다는 말은 내게는 달콤한 유혹이었다. 이해를 해가고 지식을 쌓아가는 즐거움을 상대적으로 쉽게 느낄 수 있었기 때문이다. 되돌아보면 이미 그런 자기만족을 추구하는 방식의 공부에 중독이 되어있었던 것 같다. 하나의 표현을 완벽하게 익히는 것보다는 더 많은 지식을 습득하고 더 많은 것들을 이해하기 위해서 노력했었다.

하지만 아무리 많이 이해하고 아는 것이 많아져도 말 실력은 절대로 정비례해서 늘지 않았다. 시험 점수가 아무리 좋아져도 말하기 실력은 바위처럼 꿈쩍도 하지 않았다. 누가 뭐라고 해도 엄연한 사실이었다. 도대체 무엇 때문인지 알 수가 없었다. 눈으로 보면 알 수 있고, 들으면 이해되는 말들이 왜 입으로 꺼내려고만 하면 하나도 생각나지 않는 것인지 답답하기만 했다.

같은 주제를 두고 다양한 사람들과 대화를 나누고 생각해보면서 하나씩 의문이 풀리기 시작했다. 사람이 뜀박질을 잘하려면 자꾸 뛰어봐야 한다. 수영을 잘하려면 자꾸 수영을 해봐야 잘할 수 있다. 그럼 말을 잘하고 싶다면? 당연히 말을 많이 해보는 것 외에는 다른 방법이 없다. 해답은 믿기 어려울 정도로 간단했다. 그런데 말을 시작도 하기 전에 생각만으로 끝내 버리고, 정확한 표현인가를 걱정하며 입을 닫아 왔으니 말 실력이 늘래야 늘 수가 없었던 것이다.

달리기를 잘하려면 자꾸 넘어져 보면서 달려봐야 하고, 수영을 잘하려면 물을 먹어 보면서 수영을 해봐야 하고, 영어로 말을 잘하려면 옳고 그름은 상관없이 우선 영어로 말을 많이 해봐야 한다.

이 단순한 진리를 인식하지 못하고 엉뚱한 고민을 해왔다는 것을 알게 되기까지, 도대체 몇 년의 시간이 걸렸는지 모르겠다. 영어에 관한 지식이나 영어 어휘력, 문법적 지식 등이 풍부하면 분명히 말을 하는 데 도움이 될 것이다. 하지만 그런 것들이 말을 잘하는 데 도움을 주는 요소로 작용하려면 일단 말하는 행위 자체에 익숙해져야 한다.

'have been 이 맞는 거야? had been 이 맞는 거야?'

'a가 맞는 거야? the가 맞는 거야?'

더 이상 이런 고민을 하지 않으려고 의식적으로 노력했다. 우습게도 영어로 말할 때 가장 방해가 되는 것은 외국인이 아니었다. 옆자리에 앉은 한국인 친구들의 끊임없는 지적이 영어로 실수를 경험해보려고 노력하는 나의 가장 큰 적이었다.

'야, 과거니까 was로 말해야지.'

'임마! 그거는 수동태로 말하는 거야!'

그런 지적들은 되도록 무시하려고 노력했다. 덕분에 친구들이 자기들의 지적 자부심을 뽐내며(?) 과묵함으로 자리를 지키고 있을 때, 나는 실수 자체를 즐길 수 있게 되었다. 쑥스럽고 창피하기도 했지만 무엇이 좋은 방법인가를 안 이상 다른 선택지는 없었다. 처음에는 엉터리 영어라고 농담 반 진담 반으로 놀리던 친구들 대부분은… 지금도 영어 말하기가 안된다고 하소연하면서 살고 있다.

외국인은 영어 연습용?

영어를 효과적으로 익히기 위해서는 영어를 모국어로 쓰는 외국인과 교류하는 것이 좋다고 한다. 한국에서는 이런 목적을 가진 모임들을 어렵지 않게 찾을 수 있다. 우선 학교에서 주최하는 외국인과 함께하는 프로그램이라든지 동호회 형식의 언어교환 모임들이 있다.

낯선 사람에게 쉽게 다가갈 수 있는 사람들은 이태원이나 홍대, 인사동과 같은 곳에서 외국인과 쉽게 인연을 맺고 교류할 수 있다. 나는 성격이 적극적인 편이 아니라서 스스로 외국인과 교류할 기회를 찾아다닌 편은 아니다. 영어 실력에 대한 불안감도 있었지만 무엇보다 낯선 사람에게 말을 걸거나 모임에 참가하는 것이 조금 껄끄럽게 느껴졌기 때문이다.

그래도 가끔 친구들이 외국인을 데리고 나오면 그들에게 말도 던져보고 대화를 해보려는 노력을 하곤 했다. 친구들도 마찬가지였다. 어쩌다가 외국인과 자리를 함께하게 되면 너도 나도 외국인 한 명에게 쩔쩔

매면서 영어로 말을 해보려고 시도하곤 했다. 마치 선생님 한 명이 여러 명의 학생을 데리고 다니는 분위기였다. 그들과 어울리는 시간 내내 우리도 불편했지만 자리를 함께했던 외국인들도 그렇게 즐겁거나 편해 보이지는 않았다.

외국인과 스스럼없이 웃으며 지내면서 때로는 그들에게 짜증도 내고 때로는 한 잔 하면서 울기도 하는 사람들을 보면 마냥 부럽기만 했다. 도대체 영어를 얼마나 잘해야 저렇게 어울려서 자연스럽게 얘기를 나눌 수 있을까?

그런 생각을 하던 나에게 영어 멘토는 영어 연습 따위는 잠깐 잊어버리라고 말했다. 그들을 피부색과 언어가 다른 외국인으로 바라보지 말고, 그냥 타지에 살고 있어서 믿을 수 있는 현지인 친구가 필요한 사람으로 생각하고 대하기 시작하면 어렵지 않게 답을 찾을 수 있을 것이라고 말이다.

사실 나한테 있어 외국인은 그야말로 영어 훈련 상대 이상도 이하도 아니었다. 유명강사들이 자주 하는 '외국인을 보면 무조건 따라가서 말을 붙여보라'는 주문을 실천하지 못하는 내가 못난 사람처럼 느껴지기도 했다. 알고 지내는 소수의 외국인들 역시 친구가 아닌 학생의 마음으로 대해 왔다.

이런 사실을 알고 나서 왠지 부끄럽다는 생각이 들었다.
'왜 그런 생각을 한 번도 못했을까?'
일단 지난 경험들을 바탕으로 차분히 생각을 정리해보기 시작했다.
미국횡단여행 중 나를 가장 곤혹스럽게 만든 것은 여기저기서 들려오는 외국인에 대한 배려 없는(?) 영어 대화들이었다. 특히 자기 친구들여럿이 모여서 서로 웃고 떠들기라도 하면 같이 대화에 끼는 것이 거의 불가능했다. 그런데 내 나라인 한국에서도 똑같은 상황이 계속 이어지니 조금 억울한 느낌까지 들기 시작했다. 미국에서는 내가 영어를 못해서 그런 것이 당연하다고 해도 내 나라 내 땅에서까지 그럴 필요는 없지 않은가?

물론 상대방에 대한 기본적인 배려는 있어야 할 것이다. 하지만 그들에게 영어를 못한다는 이유로 미안해할 필요는 없다. 한국 땅에서 외국인을 만나면 너무나도 당연하게 첫마디부터 영어로 인사하고 말하려고 애를 쓰는 것은 분명히 문제가 있다. 외국인들 스스로도 한국에 와서 지내고 있다면 한국말을 하려는 노력은 있어야 한다. 우리가 그들 앞에서 당당해지면 그들도 바뀌지 않을까? 그렇게 고민을 정리한 끝에 외국인과의 진짜 교류를 위한 시작점을 마련할 수 있었다.

우선 외국인과 함께 하는 자리에서 스스로 당당해지기 위한 노력을 시작했다. 상대방이 영어로 말해도 나는 일단 한국말을 사용했다. 상대 외국인들이 보인 반응은 한결같았다. 처음에는 당황하다가 금방 미안하다고 얘기하면서 자기는 한국어를 잘못한다며 양해를 구하곤 했다.

그런 상황에서 얘기를 나누게 되니 내 영어 실력이 좀 부족하더라도 서로 배려해 주면서 좀 더 자신감을 가지고 대화를 할 수 있었다. 한국에 대해서 이런저런 얘기도 해주면서 대화의 주체가 되려고 나름 노력했던 것 같다. 무엇보다 내가 힘을 쏟은 부분은 영어 훈련 대상이 아닌 진짜 친구가 되려고 노력하는 것이었다. 나중에 한 외국인에게 이런 얘기도 들을 수 있었다.

"다른 사람은 나를 영어선생님이라고 생각하는데, 넌 나를 친구로 대해주는 것 같아서 좋다."

외국인들은 우리들의 영어 훈련 대상이 아니라는 것을 깨달으면서, 영어 실력과는 상관없이 새로운 친구를 만들 수 있는 기회가 계속해서 찾아왔다. 진짜 친구가 되면 자주 만나게 된다. 다양한 주제로 좀 더 많은 대화를 나누다 보면 자신도 모르게 양쪽의 언어 실력이 자연스럽게 향상된다.

영어 실력 때문에 주눅이 들 필요가 전혀 없다는 것을 생각하지 못하던 시절, 난 일종의 죄인이었다. 하지만 한국에서는 한국어로 소통하는 것이 기본이라는 믿음을 가지기 시작하고 실천하니 곧 변화가 생겼다. 마음을 나눌 수 있는 진짜 외국인 친구가 생기기 시작했던 것이다.

콩글리시는 무서워!

콩글리시는 한국 사람만 쓰는, 한국에서만 통하는 영어라고 알고 있었다. '영어 제대로 알고 쓰자! 콩글리시 굴욕 방지' 같은 메시지를 담은 책들이나 칼럼 등을 통해서 콩글리시의 부작용(?)에 대한 얘기를 많이 들어왔기 때문이다. 콩글리시를 써서 생긴 어려움이나 망신을 당했다고 토로하는 글들도 많이 접해왔다.

그런 생각 때문인지 외국인과의 대화 상황에 놓일 때면 종종 '내가 쓰는 것이 혹시 콩글리시는 아닐까?' 하는 걱정이 들곤 했다. 어쩌다 자신 있게 뱉은 말을 상대방이 못 알아듣기라도 하면 괜히 얼굴이 화끈거렸다.

친구들과 같이 있을 때는 마치 '야 그거 콩글리시야! 누가 원어민한테 그런 표현을 쓰냐?'라며 속으로 비웃을 것 같은 생각에 입이 쉽게 떨어지지 않았다.

콩글리시를 쓰는 것은 무식함을 그대로 보여주는 것이라는 일종의 '믿음' 같은 것이 있었다. 하지만 언제까지 이런 고민을 안고 겁을 먹을 수는 없었다. 그래서 작정하고 원어민 친구들에게 콩글리시에 대하여 질문을 던져보았다.

그러자 그들 대부분이 '콩글리시 걱정은 너무 많이 하지 않아도 된다' 고 답했다. 그냥 아는 표현 있으면 마음 놓고 뱉어도 괜찮다며, 한국인 들만의 영어 표현을 쓴다고 흉보는 외국인은 없을 거라고 말이다. 너무 당연한 듯이 얘기하는 원어민들을 보면서 콩글리시는 '굴욕'이니 '망신' 이니 하는 책들이나 일부 한국인 강사들이 원망스러워졌다. 나중에 알 고 보니 원어민들이 생각하는 진짜 콩글리시는 의미가 조금 달랐다.

내게 콩글리시란 그저 원어민들이 A라고 표현하는 것을 우리나라식 으로 B라고 잘못 표현하는 것이었다. 아마 대부분의 초보 학습자들도 그렇게 알고 있을 것이다. 하지만 원어민들 대부분은 우리나라 사람들 과 영어로 대화를 할 때 가장 어렵게 느끼는 점으로 억양과 인토네이션 의 문제를 꼽았다. 영어를 할 때 한국어처럼 음절을 끊어서 말하게 되면 알아듣기가 어렵다는 것이다.

언어의 특성에 대한 이해가 조금씩 생기기 시작하면서 그런 생각에 변화가 찾아왔다. 지극히 한국적인 표현이라는 생각이 드는 순간에도 그런 표현을 사용하는 자체를 부끄러워하지 않으려고 노력했다. '우리 는 이런 표현도 쓰니까 니들이 알아서 알아들어.'라는 식으로 당당하 게 얘기하기 시작했다.

상대방이 못 알아들을 때에는 한국에서는 이런 상황에서 이런 식으 로 표현하기도 한다고 말해줬다. 그럴 때면 오히려 대부분이 흥미롭고 재미있다는 반응을 보였다. 자신들의 표현을 알려주기도 했지만, 걱정 하던 것처럼 이상하게 보거나 무시하는 경우는 단 한 번도 없었다. 심지어는 재미있는 표현이라며 나중에 자기도 친구들에게 써먹어 봐야겠다는 친구도 있었다.

시중에서 흔히 볼 수 있는 '영국 영어 vs 미국 영어'식의 영상이나 책자에서는 각 나라에서 서로 다르게 사용하는 표현을 알려준다. 똑같은 행동이나 사물을 영어를 모국어로 하는 두 나라에서조차 다른 방식으로 표현하는 것이다. 이처럼 세상에는 많은 나라 사람들이 영어를 사용하고 각각의 나라마다 다른 표현방식이 존재한다. 그럼에도 불구하고 우리에게 이미 고유의 표현으로 굳어진 말 자체를 부끄러워할 필요가 있을까?

물론 원활한 대화를 위해서는 서로 의미가 통하는 표현을 적절하게 사용하는 것이 최선이긴 하다. 하지만 영어가 일상으로 파고든 한국에서 우리들만의 표현 방법이 생겨나는 것을 부끄럽게 생각할 필요까지는 없는 것 같다.

이미 영어는 원어민들의 소유가 아닌 전 세계적으로 쓰는 공용어가 되었다. 그로부터 서로의 표현을 이해하는 문화도 발달했다. 영어권 국가에서 생활하는 사람들이 실제 겪었던 몇몇 경험들 때문에 '콩글리시는 굴욕의 표상이니 절대로 쓰면 안 된다!'라는 식의 주장이 대중적으로 널리 퍼지는 것은 분명히 문제가 있다.

그들과 다른 표현을 쓰는 것이 부끄러워서 말을 못하는 것보다는 일단 아는 표현으로 당당하게 말한 후, 그들만의 표현이 아니라는 것을 알게 되면 참고하고 배우면 될 일이다.

깊은 대화를 원해!

꽤 오랜 시간을 영어 말하기에 투자했음에도 불구하고 외국인과 만나면 간단한 대화 외에는 딱히 할 말이 없었다. 서로 취미나 좋아하는 음악 등 간단한 것을 물어보고 답하는 그런 것들이 전부였다.

미국여행 중 나를 힘들게 했던 또 다른 점은, 그들과 어렵게 같이 앉은 자리에서 특별한 주제를 가지고 얘기하는 것이 정말 힘들었다는 것이다. 주변에 앉은 유럽, 미국, 남미에서 온 사람들은 뭐가 그렇게 재미있는지 오랫동안 재미있게 대화하는 것처럼 보였다. 나는 옆자리에 얌전히 앉아서 어색한 미소와 함께 보고 듣는 것이 전부였다. 사방에서 들려오는 대화 속에 내가 낄 자리는 없는 듯했고 그런 시간은 영원할 것만 같았다.

그때는 그랬다. 가벼운 안부 외에는 심도 있는 대화에 낄 수가 없다고 믿었다. 아무리 열심히 노력했어도 부족하게만 느껴지는 영어 실력을 탓하며 자책을 하는 패턴이 계속 반복되고 있었다.

그런 고민을 하던 중 처음 보는 한국 사람과 자리할 기회를 가질 수 있었다. 간단한 인사가 끝난 뒤 어색한 공기가 주변을 맴돌았다. 어색한 분위기에 혼자서 땅만 쳐다보고 있는데 갑자기 이런 생각이 들었다.

'장시간 동안의 깊이 있는 대화는 한국어로도 만만치가 않은 것 같은데? 그러고 보니 난 한국인들과의 자리에서 어떤 주제로도 시원시원하게 깊이 있는 대화를 나누는 편이 아니었구나. 말 자체에 대한 충분한 훈련과 주제에 관한 기초지식, 공유할 수 있는 경험 등이 없다면 한국어로든, 영어로든 깊은 대화는 힘들겠구나.'

지금은 언제 이런 고민을 했나 싶을 정도로 당연시하는 부분이지만, 그 당시 영어 멘토와 얘기를 나누면서 받은 충격은 상당히 컸다. 영어의 울타리를 벗어나서 언어라는 것이 가진 속성에 관해 조금만 진지하게 생각해 봤다면 너무나도 당연한 얘기인데, 왜 여태까지 이런 생각을 못 했을까? 한국어 실력이 영어 실력을 결정한다는 말의 진정한 의미도 이 대화를 통해 깨달을 수 있었다.

나를 그토록 절망에 빠뜨렸던 미국횡단여행 중에서도 분명히 즐거웠던 기억들이 있는데, 그중 하나가 한국에 관심이 많은 사람을 만난 기억이다. 공유할 수 있는 관심사가 있으니 대화가 그나마 잘 통하게 되고 상대방에게 해줄 수 있는 얘깃거리가 많으니 상대적으로 많은 말을 했다. 당연히 영어로 말이다. 능동적으로 질문을 먼저 던져 주거나, 내가 좋아하는 자전거에 관한 얘기를 나눴을 때에는 이삼십 분 정도 진지하고 즐겁게 대화를 나눌 수도 있었다.

하지만 한국이 어디 있는지도 모르는 사람이나 무뚝뚝하고 조용한 사람들과 한 자리에 있을 때는 대화의 주제를 찾는 것도 힘들었다. 간단한 인사, 출신, 여행 일정 등에 관한 얘기들만 짧막하게 이어지고 서로 어색해하는 시간이 이어지곤 했다.

같은 상황에서 상대가 외국인이 아니라 한국인이었다면 어색함이 덜 했을까? 답은 뻔했다. 나는 이런 상황에서 유연하게 대화를 이끌어 갈 정도로 말 훈련이 된 사람이 아니었다. 그런데 이런 현상에 대한 모든 이유를 오직 '영어 실력' 탓으로 돌려왔던 것이다.

이후 깊이 있는 대화에 관한 오해와 오랜 시간 나를 괴롭히던 집착을 버릴 수 있었다. 나는 왠지 멋있어 보이는 수준 높은(?) 대화를 할 수 없을 것 같다는 쓸데없는 자책도 멈출 수 있었다. 이후 영어로 대화를 해야 할 상황에 놓이면 나 스스로 대화의 주제를 정하고 관련 정보를 찾아보기 시작했다. 언어를 구분하지 않고 대화를 이끌어 가는 기술에 관해서도 관심을 가지고 연습을 하기도 했는데, 말 실력 자체가 다듬어지면서 내 영어 의사소통 능력도 무서운 속도로 향상되기 시작했다. 이런 훈련과 연습은 지금까지도 생활 속에서 계속 이어지고 있다.

매일 1시간 쓱 보면 툭 나오는 영어 공부법

고급 영어를 원해!

대학 생활 중 주변의 많은 친구가 영어 때문에 해외 어학연수를 다녀왔다. 일부는 만족스러운 성과를 얻고 돌아오기도 했지만, 대부분의 친구들은 외국 생활 경험을 한번 해본 것으로 스스로를 위로하고 마는 편이었다. 어학연수 이후 실력이 부쩍 향상된 것처럼 보이는 몇몇 친구들과 일부러 시간을 마련해 어울리면서 막연한 동경을 지닌 채 지내던 시절, 마음속에 항상 들던 의문 한 가지가 있었다.

'이놈들은 제대로 된 고급 영어를 배우기는 한 거야?'

외국인 유학생들과 교류하고 어울리는 자리에서 사용하는 그들의 영어는 왠지 모르게 고급스러운 말과는 거리가 있는 것 같아 보였다. 외국에서 1~2년 이상 공부하면서 영화의 뒷골목씬에서나 나올 듯한 '저급 영어'만 배워온 것 같은 그들이 때로는 한심하게 느껴지기도 했었다.

'앞으로 우리가 영어를 쓸 곳은 회사의 업무와 관련된 공식적인 자리가 많다. 그래서 수준 낮은 영어가 아닌, 비즈니스 현장이나 세미나에서 쓸 수 있는 고급어휘와 표현들을 위주로 익혀야 한다.'

많은 영어 강사에게 이런 주제의 말을 들어왔기 때문에 언제부터인지 확실하지는 않지만, 너무나 당연한 일종의 '믿음'같은 것이 자리 잡고 있었다.

'어차피 배워야 한다면 고급스럽고 격식 있는 표현을 위주로!'

원어민 친구들끼리 쓰는 가벼운(?) 표현이나 불량스러워 보이는 말들은 '수준 낮은 말'이라고 처음부터 선을 그어 놓았다. 하지만 그런 나의 고정관념은 오히려 스피킹에 방해가 되었다. 그리고 어느 순간 저급 영어와 고급 영어에 대해서도 의구심이 들었다.

생각을 정리하기 시작했다. 물론 직업이나 상황, 역할에 적합한 표현은 분명히 존재한다. 그렇다고 고급 영어와 저급 영어를 구분하는 것이 과연 바람직한 것인가?

그것보다는 상황에 맞는 표현과 맞지 않는 표현이 있는 것이 아닐까? 가만히 생각해보니 틀린 말이 아니었다. 공식적인 자리에서는 그에 맞는 격식 있는 표현이, 가볍고 편한 자리에서는 분위기를 유연하게 해주는 자연스러운 화법과 표현이 필요할 것이다.

만약 사람들과 대화할 때 나름 격식을 갖춘 표현 위주로만 말하면 주위 사람들은 나를 어떻게 생각할까? 편하게 어울리는 식사 자리에서 "제가 진취적인 인생을 위해 인생 설계를 다시 시도하고 있습니다."라고 말하면 아무래도 부자연스러울 것이다. 어쩌면 '얘는 뭐야?' 생각하면서 은근슬쩍 나를 피하려는 노력을 할지도 모른다. 그럴 때는 "요즘 매일 놀아서 제대로 살아 보려고요." 정도의 표현이 훨씬 자연스러울 것이다.

한국어를 쓰면서도 공식적인 미팅이나 프레젠테이션 자리에서 쓰기 위해 익혀야 하는 것들이 많다. 하지만 필요할 때 배우면 되는 것이지 일상 대화에서도 그런 표현만 써야 하는 것은 아니다.

군 생활을 해본 친구들이라면 누구나 가지고 있는 공통의 기억이 있다. '다.나.까'로 끝나는 군대식 말투와 각종 군대식 표현에 적응하지 못해서 고생했던 기억 말이다. 하지만 의식적으로 반복해서 노력해야만 하는 환경 덕에 몇 개월이 지나면 금방 군대식 말투에 익숙해지게 된다.

미국여행 중 현지인들과 어울리는 자리에서나 한국에서 만나는 외국인들과의 자리에서도 마찬가지였다. 교육을 충분히 받고 전문분야의 직업을 가진 그들도 친구나 지인들과 편하게 어울리는 자리에서는 각종 은어와 수많은 보충어(fillers)를 말 중간에 넣으면서 대화하는 것을 항상 볼 수 있었다. 격식 있는 표현만으로 사람들과 어울리는 것은 한 번도 보지 못했다.

그런 말은 그런 표현과 말이 필요한 사람이 평소에 따로 익혀두었다가 사용하면 되는 것이다. 고급스럽고 고급스럽지 않는 것의 경계점은 없다. 그 사람의 성품이나 행동에 따라 고급스럽고 그렇지 않은 것이 결정되는 것이지 그 사람이 어떤 단어를 사용하는가는 크게 중요하지 않은 것 같다. 적어도 외국어를 배우고 있는 초·중급 학습자들에게는 말이다.

"다른 것도 다 할 수 있는
자신감이 생겼어요!"

장지은(20대/취준생)

　20대 중반. 자전거 클래스에서 만나서 알게 된 그녀는 여행사를 다니고 있었다. 하고 싶은 일이 있어서 이직 준비를 하던 중이었다. 그러던 중 운이 좋게도 원하는 회사에 서류 통과를 할 수 있었다. 떨리는 마음으로 간 면접장에서 마지막 관문에서 뜻하지 않게 영어면접을 만나게 되었다.

　'유럽에서 가장 인상 깊었던 여행지를 영어로 설명해보세요.'

　쉬운 질문이었지만 입이 떨어지지 않았다. 무거운 분위기와 면접관 앞에서 말한다는 긴장감이 그녀를 더욱 위축되게 만들었다. 결국 말 한 마디 제대로 못하고 영어 면접이 끝나 버렸다. 그 이후 자신감이 떨어져 나머지 면접도 망쳐버리고 말았다고 한다.

　"그전까지는 영어 회화의 필요성이 막연하게 느껴졌거든… 그런데 지금은 피부로 확 와 닿는 것 같아. 예전에 선배들이 영어 미리 해놓으라고 말할 때 들을 걸 그랬어. 요즘 영어 못하면 회사 들어가서도 고생하는 경우가 많다고 하던데… 지금 시간 있을 때 해야 할 것 같아."

자전거 클래스가 끝나고 그녀와 한참 얘기를 나누었다. 그날만 생각하면 밤에 잠이 안 온다면서 이번에는 꼭 영어를 정복해버리겠다고 거듭 말했다.

"오빠가 공대생인데 한국에서 영어 공부해서 영어 스피킹 코치까지 되었다고 들었어. 나 좀 어떻게 안 될까? 진짜 열심히 할 수 있으니까 사람 좀 만들어 줘!"

예전에는 영어 얘기만 나와도 손사래를 치던 친구였다. 평소 똑똑하고 일도 잘하는데 영어 때문에 자신감이 떨어진 것 같아서 씁쓸하기도 했다. 잃어버린 자신감을 찾아 주기 위해 그녀에게 하나의 제안을 했다.

"안 그래도 영어핵 원정대라는 100일 프로젝트를 하려고 하는데 너도 같이하면 되겠다. 눈 딱 감고 100일 동안 같이 해보는 거야. 그 동안에는 어디 도망가면 안 된다!"

'준비단계' 문장으로 기본기를 닦으면서 영화 훈련도 병행해보자고 말했다. 단단한 기본기를 닦으면 앞으로는 영어로 말하는 것은 크게 어렵지 않을 거라고 설득했다. 그녀는 영화 훈련은 곧잘 따라 했지만, 기초 문장을 할 때는 조금 지루해 하기도 했다.

"이 정도는 너무 쉬운 거 아니야? 중학교 수준 정도밖에 안 되는 것 같은데? 이거 꼭 해야 하는 거야? 그냥 넘어가면 안 돼?"

조금 당황하기도 했지만, 스스로 느낄 필요가 있다고 생각해서 간단한 Test를 시작했다.

"그럼 한국어 문장을 불러줄 테니까 영어로 말해봐."

그렇게 기초 문장들을 하나씩 불러줬는데 그녀가 바로 얘기할 수 있는 문장은 거의 없었다. 처음에 자신만만하던 얼굴이 점점 어두워졌다.

"그래도 내가 10년이 넘게 영어 공부를 했는데 이렇게 간단한 것조차 입에서 나오지 않다니! 너무 당황스러운데? 오빠 말대로 기초부터 제대로 쌓을게… 미안해."

그 이후에는 큰 어려움 없이 진행되었다. 기본기를 착실히 쌓자 잃어버렸던 자신감도 되찾을 수 있었고, 그 후에는 영어면접을 보는 회사를 봐도 두렵지 않다고 했다. 예전에는 '영어 가능자 우대'라고 적혀있으면 지레 포기했는데, 이제는 그것이 새로운 기회로 보인다고 했다.

"사실 강제성이 없는 상태에서 무언가를 이렇게 오래 해본 적이 없었거든. 그런데 한 번 꾸준히 하고 나니까 다른 것도 다 할 수 있는 자신감이 생겼어. 예전에는 상상하고 계획만 세웠는데 이제는 실천할 용기가 생겼어."

영어 슬럼프
극복하기

누구나 처음에는 불타는 의욕을 가지고 영어 공부를 시작하지만
1~2개월이 지나면 점점 지루해 지면서 의욕이 사라진다.
슬럼프가 찾아온 것이다.

물론 누구에게나 찾아오는 증상이니 너무 걱정하지 않아도 된다.
이럴 때는 가만히 앉아서 기다리는 것보다
슬럼프를 극복할 수 있는 방법을 적극적으로 찾아나서야 한다.

혹시 나에게 슬럼프가 찾아왔다면
이 글이 도움이 될 수 있을 것이다.

PART 4

영어 위주로 하루를
계획하지 말자

나에게는 무엇인가를 꾸준히 하는 것이 가장 힘들다. 운동이나 영어같이 매일매일 꾸준히 해야 하는 것이라면 더더욱 그렇다. 그래서 많은 시도만큼 많은 좌절을 겪었다. 그럴 때마다 마음은 다잡으며 계획을 다시 세우려고 해봤다. 일단 계획표에 영어를 가장 크게 적어놓고 그 다음 계획을 짜기 시작했다. 모든 일정을 영어 위주로, 마치 당장 다음 주라도 영어 시험을 치는 사람처럼 계획을 세웠다. 매번 실패하는 스트레스에 이번만은! 이라고 다짐하면서 영어가 위주인 계획표를 세우고 뿌듯해했다.

하지만 영어가 최우선 순위로 유지되는 것은 어려웠다. 갑자기 만나자는 오랜 친구의 연락과 술 약속을 거절하기가 쉽지 않았다. 때때로 감기가 찾아왔고 시험 기간에는 영어에 집중하는 것이 힘들었다. 가장 큰 표시로 되어있는 영어라는 부분이 부담이 되기 시작했다. 그렇게 중간에 멈춰서는 부분이 늘어나고 결국에는 또다시 실패하고 좌절하고 말았다.

몇 번의 좌절을 겪은 후부터는 영어 습관을 조금 바꾸려고 시도했다. 저녁 자기 전에 양치질을 하면서 고민을 하고 있는데 갑자기 정신이 번쩍 들었다. 생각해보면 아무리 바쁘고 피곤해도 양치질이나 샤워는 거의 빠지지 않고 한다. 왜냐하면 그것들은 이미 하나의 습관으로 자리 잡았고 크게 해야 한다고 스스로 인식하지 않아도 자연스럽게 하는 것이기 때문이다.

영어는 짧은 기간에 완성해서 끝나는 것이 아니다. 적어도 몇 달에서 몇 년 정도는 바라봐 줘야 하는 것이다. 그 때문에 영어를 해야 한다고 계속해서 의식적으로 생각하면 힘이 든다. 영어 때문에 나의 모든 일상은 바꾸고 영어를 위주로 생활 패턴을 짜게 되니 중간에 그만둘 확률이 높아졌던 것이다. 그래서 훈련을 꾸준히 지속하기 위해서는 내가 비는 시간에 생활에 자연스럽게 스며들도록 해야 했던 것이다. 피곤해서 양치는 잘 거르지 않듯이 무슨 일이 있어도 하루 10분 정도라도 생활 속의 일부분이 되어서 꾸준히 하기로 마음먹었다.

그 결과 난 지금 영어가 어느 정도 습관이 되어있는 것 같다. 뭔가 하루 이틀 안 하면 허전한 기분. 그렇게 많은 시간을 투자하지는 않지만 조금씩 꾸준히는 하고 있다. 그냥 길 가다가 mp3에서 생각날 때 한 번씩 듣고 집에서 아침 학교 나오기 전, 공강 시간에 자투리 시간 그런 작은 시간을 활용한다. 물론 바쁠 때나 기분이 우중충할 때 훈련량이 많은 것은 아니지만 그래도 조금씩 꾸준히는 하고 있다.

영어 때문에 생활을 바꾸려고 하지 않고 생활 속 중간중간 비는 시간에 음악 듣기, 멍 때리기 같이 흘러가는 시간 대신에 영어로 하는 것을 대체하니 그렇게 어렵지 않게 적응할 수 있었던 것 같다. 그를 위해서 mp3에 다른 음악 대신에 영어로 된 훈련자료나 팝송, 항상 가방 속에는 영어 소설책을 들고 다니는 등 습관을 만들 수 있도록 스스로가 노력하고 있다.

그러다가 시간이 많은 날은 훈련을 꽤 많이 하기도 한다. 그렇게 영어가 생활의 일부분처럼, 평소에 길거리에서 음악을 듣고 습관적으로 TV를 보듯이 영어도 습관적으로, 내가 한다는 느낌을 들지 못하고 그냥 생각 없이 하는 것처럼 그렇게 만들어 가려고 노력하고 있다. 그리고 팝송, 미드 시청 등 중간중간에 재미있는 요소를 넣어서 그렇게 지루하다는 느낌이 들지 않도록 하고 있다.

아직 완전하지는 않지만 앞으로 영어, 중국어 등 외국어를 꾸준히 익혀나가는 것이 내 목표다. 이런 어학 공부에 정말 재미를 느끼며 하면 좋겠지만, 게임이나 인터넷 서핑을 밀어낼 만큼 재미있지 않은 것이 현실이다. 때문에 '습관'으로 만들기 위해 계속 노력하는 것이다. 집에 들어오면 그냥 습관적으로 텔레비전 전원 버튼을 누르는 것처럼, 그냥 습관적으로 외국어를 계속 공부해 나가려고 노력해야 한다.

몰입훈련을 통해
한 단계 성장하자

하루하루 훈련시간을 채우는 것은 언제나 힘들다. 컴퓨터를 켜면 온갖 뉴스가 나를 반긴다. 거기다가 갑자기 잊었던 일이 떠오르고 여기저기 신경 쓸 일이 생긴다. 영어뿐만 아니라 어떤 일을 하던지 이런 집중력 부족은 나를 괴롭혔다. 그러다가 보면 시간은 지나가고 하는 일이 없이 하루가 지나갔다.

영어 훈련을 할 때도 그냥 음원을 틀어놓고 흘려듣거나 무작정 대본을 보고 따라 읽은 적이 있었다. '여러 번 읽으면 외워지겠지' 하는 생각으로 읽었지만 나중에 되었을 때 내 머릿속에 남은 것은 거의 없었다. 그냥 생각 없이 앵무새처럼 말하거나 멍하니 음원을 틀어놓는 것은 도움이 전혀 안 되었다고 할 수는 없으나 큰 도움은 되지 못했다.

《몰입》의 저자인 황농문 교수는 이렇게 말했다.

"사람은 절실한 순간이 되면 머릿속에 딴 생각이 끼어들 틈이 생기지 않는다. 평소 혼자 공부할 때도 시간을 정해서 하면 잡념 없이 집중할 수 있다."

훈련시간이 꽤나 많아 보였지만 생각해보면 그냥 흘려들었던 시간이 많았을 뿐이다. 정작 집중해서 훈련한 시간은 그렇게 많지 않았다. 자투리 시간도 10분이면 10분 딱 집중해서 하면 되는데 귀찮아서 그냥 딴 것 하면서 같이 듣고, 그러면서 리듬을 익히고 오늘 분량도 외웠다고 생각했지만 실제로는 그렇게 머리에 남는 것은 없었다.

비록 짧은 시간이라도 제대로 공부한 것이 훨씬 효과가 있었던 것 같다. 무작정 대본은 읽기 보다는 정확한 목표를 가지고 집중해서 하면 훨씬 효과가 있었다. 일정하게 주어진 문장을 처음에는 그냥 여러 번 읽어보고, 다음에는 집중해서 읽어 보는 방식을 통해 비교해보니 그 차이를 확실히 느낄 수 있었다.

나의 경우에는 자유롭게 공부하는 것을 좋아하는 편이다. 그래도 누군가 잔소리하는 것을 별로 좋아하는 편은 아니다. 하지만 때에 맞는 충고나 질책도 필요한 것이라고 생각했다. 그래서 심하게 강요하지 않으면서 자유롭게 노는 분위기인 스터디에 참가해서 훈련하려고 했다. 그리고 그 즐거운 분위기를 유지시키기 위해서는 적당한 훈련이 필요해서 그것을 위해 열심히 했었다.

하지만 스터디를 계속 꾸준히 참여하는 것은 조금 힘이 들었다. 시기나 상황에 따라서는 스스로 학습해야 하는 때도 있었다. 스터디에 참가한다 하더라도 스터디는 내가 훈련한 것을 확인하는 목적이 더 컸다. 그래서 언제나 스스로 훈련해야 하는 것은 나에게 숙제였다.

나 같은 경우에는 내가 해야 할 분량을 정하고 "이 분량은 평소에 집중하면 한 시간 이내에 끝냈으니까 이번에도 그렇게 하자!"라고 적당한 시간과 분량을 정해 보았다. 이때 얼마나 스스로 절실해지냐에 따라서 집중력이 결정되는 것 같다.

그래서 하나의 방법으로 스톱워치와 같이 적당한 압박을 통해서 집중력을 높이려고 시도해봤다. 그리고 이 방법은 꽤나 효과가 있었다. 스톱워치가 작동되는 그 1시간 동안은 내 머릿속에는 "다른 생각하지 말고 얼른 이 1시간 동안 스스로 정한 이 진도를 끝내자"라고 생각했다. 그 결과 내가 하는 훈련에만 집중할 수 있었고 일주일 동안 대충 해도 끝나지 못했던 분량을 1시간 만에 끝낼 수 있었다.

매일 1시간 쓱 보면 툭 나오는 영어 공부법

슬럼프를 능동적으로 대처하는 방법

영어를 정복하는 길은 매우 길고 지루하다. 1~2주 만에 끝나는 벼락치기 공부가 아니어서 긴긴 지루함과 싸워야 한다. 나는 크게 독하게 무엇인가에 미치는 성격도 아니어서 더욱더 힘들었다. 하루에도 여러 번씩 하기 싫어지고 일주일, 한 달마다 무수히 많은 고비가 찾아왔다. 너무 자주 찾아와서 슬럼프라고 하기 민망할 정도였다.

하지만 문제는 훈련은 안 하면서 걱정만 가득하다는 점이었다. 훈련을 하는 것도 아니면서 똑같은 에너지를 고민하고 스트레스를 받는데 쓰고 있었다. 고3 시절 공부는 열심히 안 하면서 걱정만 했던 과거가 다시 반복되고 있었다.

처음에는 설레고 열의에 찬 마음으로 시작했지만 시간이 갈수록 시들해졌다. 새로운 것도 없고 언제 실력이 늘지도 모르는 상태에서 훈련을 꾸준히 하는 것은 힘들었다. 하지만 훈련을 하지 않으면 영어 정복과는 멀어지는 것을 알기 때문에 멈추지는 못했다. 물론 훈련을 꾸준히 진행하면서 이런 고민을 했으면 좋았겠지만 고민만 한 날이 많았다.

그렇게 이도 저도 아닌 날들이 계속해서 지나갔다. 하는 것도 아니고 안 하는 것도 아닌 애매한 상태를 계속 유지하다 보니 오히려 더 힘이 들었다. 그때 영어 멘토는 나에게 이럴 때는 능동적으로 쉬어보라고 말했다. 어차피 쉴 거 확실하게 재충전의 기회로 삼으라는 것이다. 슬럼프라는 해일을 만났으면 버둥버둥 되면서 힘들어하지 말고 오히려 물 깊숙이 가라앉아서 숨을 참고 푹 쉬라는 것이었다. 그다음에 때가 오면 바닥을 박차고 올라가서 수면 위로 오를 수 있다고 말이다.

이전까지는 능동적으로 쉰다는 생각은 해보지 못했다. 내가 스스로 쉬는 것을 통제해 본다는 것은 생각해보지 못했기 때문이다. 그래서 '이럴 바에는 정말 제대로 쉬어보자'라는 생각으로 능동적인 휴식을 가졌다. 마치 휴가를 다녀오듯 영어와는 동떨어진 일상을 보냈다.

처음엔 마음이 조급해졌다. 하지만 하루 이틀이 지나고 마음이 편해지기 시작했다. 그러고 일주일쯤 지나니 다시 영어를 하고 싶어졌다. 지겹게 생각하던 것도 시간이 조금 지나니 새로운 느낌도 들었다. 물론 이렇게 휴가를 하고 나면 아예 하기 싫어지기도 한다. 그것을 방지하기 위해서 휴식을 취하기 전 같이 훈련하는 멤버들에게 부탁을 했다. 내가 일주일 동안 능동적인 휴식을 취하고 올 테니까 그다음에 붙잡아 달라고 말이다. 짧은 휴식이 끝나고 에너지를 충전 후 손을 내밀어 주는 멤버들과 함께 다시 달리기 시작했다. 그리고 예전과는 다른 기분으로 다시 시작하는 것처럼 훈련할 수 있었다.

즐거운 감정으로 연습하자!

나는 어릴 때부터 책을 읽고 글을 쓰는 것을 좋아했다. 영어 블로그를 4년 넘게 운영하면서 1000개가 넘는 글을 썼고, 2015년에 영어 학습서 《김미 어 픽쳐 플리즈》라는 책을 출간하기도 했다. 글을 엄청 잘 쓰는 것은 아니지만 그래도 글쓰기를 꽤 즐겁게 하는 편이다. 이렇게 독서와 글쓰기를 즐길 수 있었던 것은 아버지의 영향이 크다.

어린 시절 아버지께서는 일요일마다 나와 형을 데리고 도서관에 갔다. 일요일 아침 9시쯤 느즈막히 일어나서 어머니가 해주시는 아침을 먹고 난 후 쉬고 있으면 아버지가 우리들을 불렀다.
"가자."
아버지는 경상도 남자 특유의 무뚝뚝함을 가지고 계셨다. 평소에 우리 형제와 잘 놀아주는 시간이 거의 없었는데, 도서관을 가는 그 몇 시간이 아버지가 놀아주는 시간의 대부분이었다. 사실 '놀아준다'라고 표현했지만 정확한 표현은 '데리고 간다'가 더 맞는 표현이다. 왜냐하면 가서 책을 함께 골라 주거나, 책을 읽어주는 것은 상상도 할 수 없었기 때문이다. 도서관에 도착하면 아버지는 어른이 보는 책 자료실로, 우리 형제는 어린이용 자료실로 각자 들어간다. 그리고 30분 후 아버지는 우리를 찾으러 오셔서 딱 한 마디를 한다.

"가자."

그래도 나는 그 시간이 참 좋았다. 아무 말 없이 걸어도 같이 도서관에 걸어가는 그 30분, 도서관 매점에서 가끔씩 사 주시는 메로나와 육개장 사발면이 좋았다. 어려웠던 아버지와 같이 잠시라도 시간을 보낼 수 있는 것이 가장 좋았다.

지금도 눈을 감으면 그 풍경이 생생하게 기억난다. 그리고 이런 기억은 나의 독서와 글쓰기에도 좋은 영향을 주었다. 도서관에서 빌려온 책들을 읽으면서 자연스럽게 책과도 친해지게 되었고, 책을 많이 읽다 보니 글쓰기도 즐기게 된 것이다. 지금까지도 아버지에게 가장 감사한 것은 '책에 관한 좋은 기억'을 만들어 준 것이다.

하지만 안타깝게도 20대 중반까지 영어에 대한 좋은 기억은 없었다. 영어를 생각하면 '지루함'이나 '어려움'이라는 단어가 자연스럽게 같이 따라왔다. 10년이 넘게 공부했는데 말 한 마디 못하고 있으니 재미가 있을 리가 없었다. 그래서 영어 공부를 할 때면 즐거운 감정보다 부정적인 감정이 먼저 들고는 했다.

물론 주변에는 '영어가 너무 재미있어요.'라고 말하는 사람들도 있었다. 그런 사람들은 가요 대신 팝송을 듣고, 똑같은 미드를 여러 번 보고, 영어수업 시간에도 적극적으로 참여했다. 아쉽게도 나는 그런 사람들

중 하나가 아니었다. 그런 사람들을 볼 때면 부럽기도 했지만 힘이 빠지기도 했다. 아무리 좋아하려고 해도 '영어' 자체가 좋아지지 않으니, 앞으로 영어를 잘 할 수 없다는 생각도 들었다.

영어가 어렵고 지루하게 느껴지니, 책상에 앉아도 10분을 버티기가 힘들었다. 좋아하는 책을 읽거나 운동을 할 때면 1시간이 어떻게 지나가는지 몰랐는데, 영어는 1시간이 1년처럼 느껴졌다. 하지만 이렇게 지긋지긋한 영어가 이제 더 이상 어렵게 느껴지지 않는다.

영어에 처음 재미를 붙인 것은 다른 사람들과 함께 '스터디'를 시작하고 난 이후다. 하지만 처음부터 그렇게 순탄하지는 않았다. 영어로 말을 전혀 못 했기 때문에 처음에는 정말 진땀을 뺐다. 질문이 오면 허둥지둥 둘러대기 바빴고 식은땀이 절로 났다. 한 시간 내내 입은 가만히 있으면서 머릿속은 바쁘게 돌아갔다.

하지만 스터디를 그만두면 영어도 그만둘 것 같아서 꾸준히 나가기는 했다. 그렇게 시간이 지나가다 보니 사람들과 점점 친해지면서 영어에 대한 부담이 조금씩 줄어들었다. 서로 칭찬도 해주고 격려도 하면서 그 시간을 최대한 즐겼다. 함께하는 즐거움이 영어에 대한 부담을 이긴 것이다.

서로 뒤쳐지지 않기 위해서 숙제도 꾸준히 하고, 계속해서 말을 뱉어 보는 과정 속에서 실력도 꾸준히 늘었다. 할 수 있는 말이 많아지니 영어가 조금씩 재미있어지기 시작했다. 몇 달 후에는 오히려 스터디 가는 날이 기다려졌다. 그렇게 영어와 친해졌다.

몇 개월이 지나고 복학을 하고 학과 진도를 따라하지 못해 힘들 때가 있었다. 그 때도 영어를 놓고 싶지는 않았는데 그 때 활용한 것은 '온라인 스터디'이다. 인터넷 카페에 일지를 올리고 사람들과 교류하면서 꾸준히 영어 공부를 했다. 짧은 댓글과 피드백 덕분에 계속해서 즐겁게 영어 공부를 할 수 있었다. 가끔씩 시간 맞는 사람들끼리 모여서 영어 공부 얘기도 하고, 사는 얘기도 하면서 즐겁게 시간을 보냈다.

　책상에 앉아서 영어 공부를 하는 게 힘이 들 때면 스마트폰을 들고 밖으로 나갔다. 집 근처 남산을 오르내리면서 영어 공부를 했다. 좋아하는 산책을 하면서 영어 공부를 하니 마음이 부담이 한결 덜해졌다. 잠깐 멀어지려고 했었던 영어와 다시 친해진 것이다.

　영어 강사가 된 지금도 '영어' 자체가 너무 재미있지는 않다. 하지만 영어로 사람들과 만나고 소통하는 과정은 그 무엇보다 재미있다. 몇몇 사람들처럼 '영어' 자체가 너무 재미있으면 영어 공부를 하는 게 편할 것이다. 하지만 그렇지 않아도 괜찮다. 영어를 둘러싼 환경들을 개선하면 훨씬 더 즐거운 감정으로 영어 공부를 할 수 있을 것이다.

　실제로 연구결과를 보면 부정적 감정일 때보다 긍정적 감정일 때 효율적으로 공부할 수 있다고 한다. 어떤 일을 하든 간에 감정에 크게 좌우될 수밖에 없다. 그러니 너무 무작정 열심히 하려고만 하지 말고 어떻게 즐겁게 영어를 공부를 할 수 있을지 생각하는 것도 꼭 생각해보는 것도 필요하다고 본다.

"머리가 굳어서 영어가 안 돼?"

(40대 주부 문화센터 수강생)

어느 날 한 가지 제안이 담긴 메일을 받았다.

'안녕하세요. 저희는 문화센터 담당자입니다. 혹시 이곳에서 주부분들을 대상으로 영어 강의를 하실 생각이 없으신가요?'

첫 번째 책《김미 어 픽쳐 플리즈》를 인상 깊게 보았다며 강의를 제안한 것이다. 문화센터 특성상 40대 이상의 주부분들이 수업을 많이 들으시는데, 이분들을 대상으로 기초영어 수업을 담당해달라는 부탁이었다.

당시만 해도 대학생과 직장인 위주로 수업을 진행하고 있었기 때문에 조금 망설여졌다. 백화점 문화센터는 수강생으로도 가본 적이 없는 곳이었다. 하지만 새로운 도전이 될 수 있을 거라는 생각에 수락했다. 그리고 어떤 식으로 수업을 진행할 것인지에 대해서 생각하기 시작했다.

- 당장 급한 시험이 있는 것은 아니어서 심리적 여유는 많다.
- 여행 갔을 때 사용할 수 있는 기초적인 회화 능력을 원한다.
- 오랫동안 영어 공부를 하지 않은 상태여서 자신감이 많이 떨어진 상태이다.

영어가 꼭 필요한 것은 아니기 때문에 조금은 다른 방법으로 접근할 필요가 있었다. 배우는 내용을 더 단순화시키고, 더 많은 반복으로 성취감을 느끼게 하는 것이었다. 입에서 영어가 조금씩 나오는 것이 동기부여가 될 수 있기 때문이었다. 그리고 무엇보다 신경 쓴 부분은 '나도 할 수 있다'는 자신감을 심어드리는 일이었다.

"나이가 들다보니까 머리가 굳어서 공부하는 게 힘들어. 외우면 또 까먹고 또 까먹고… 영어 말하기 하는 것은 괜한 욕심인가 봐. 어릴 때 영어 공부 좀 열심히 할 걸 그랬어."

많은 분이 이렇게 말씀하셨다. 직접 몸으로 느끼면서 자신감을 쌓는 것이 꼭 필요하다는 생각이 들었다. 굳은 머리를 같이 풀자고 말씀드리면서 한 문장씩 쉽게 설명하고 여러 번 반복하면서 따라 하기 시작했다. 짝을 지어서 하는 L.B.T(Learning By Teaching)도 적극적으로 시도하고 큰 소리로 따라 했다. 어릴 때 아이들을 가르쳐 본 경험이 있기 때문인지 다들 잘 따라 하셨다. 앞에 있는 강사만 말하는 것이 아니라 학생 스스로 생각하고 말하는 시간을 많이 주었다.

그렇게 몇 달이 지나자 조금씩 달라진 모습이 보이기 시작했다. 괜히 걱정했다는 생각이 들 만큼 즐겁게 따라 해주셨기 때문이다. 머리가 아닌 몸이 먼저 반응하기 시작했다. 오히려 직장인이나 학생들보다 더 잘하는 분들도 많았다.

가장 좋았던 점은 영어 공부에 대한 스트레스가 많지 않았다는 점이다. 당장 영어가 꼭 필요한 것은 아니기 때문에 하나의 취미활동처럼 즐길 수 있었다. 그러다 보니 마음이 급해지지 않아서 차근차근 잘 따라올 수 있었다. 기본기를 쌓기에는 최적의 환경이었다.

물론 숙제를 하는 시간에 따라서 실력 향상의 차이는 다르게 나타났다. 하지만 한 가지 공통점은 있었다. 더 이상 영어가 큰 짐이나 숙제처럼 느껴지지 않는다는 것이었다. 이렇게 꾸준히만 하면 지금보다 더 잘할 수 있다는 믿음이 생긴 것이다. 이렇게 쌓은 자신감을 바탕으로 해외여행을 가서 조금씩 사용해보기도 하는 승전보(?)를 하나둘씩 전해주었다.

그분들을 가로막는 것은 '나이'가 아니었다. 오랫동안 가져왔던 고정관념들이었다. 쌓아온 시간만큼 풀기가 어려웠던 것이다. 그래서 오히려 더 단순하고 쉽게 설명하고 반복 연습을 하면 생각보다 쉽게 풀렸다. 올바른 방법으로 꾸준히 한다면 누구나 다 영어를 잘할 수 있다. 이제까지 느끼지 못했던 소중한 것을 배울 수 있는 시간이었다.

영화 대사로
영어의 핵
완성하기

기본기 500문장을 완전히 내 것으로 만들었다면,
언제 어디서든지 말할 수 있는
단단한 영어의 기본기가 완성되었을 것이다.

그다음 단계는 '영화와 애니메이션'을 통해서
실전 구사 능력에 필요한 역량을 쌓아 갈 차례다.
이를 통해 영어의 핵을 완성할 수 있다.

실제 현장에서 만나는 다양한 원어민의 말을
자연스럽게 알아들을 수 있는 '살아있는 청취력'을 가지고 싶다면
코치 재원과 함께 '영화로 영어 공부'에 빠져보자.

PART 5

스토리를 외워라

쉬운 영어 단문들 달달 외우고 반복하면서 영어핵 기본기를 만들었다면, 이제 영어의 기본적인 어순에 대한 단단한 감각을 만들 수가 있을 것이다. 기본기가 확실하게 다졌다면 이제 실전 구사 능력에 필요한 역량을 쌓아 갈 차례이다.

어떤 상황에서도 듣고 이해하는 것이 가능한 영어 청취력을 키우고 싶다면 시중 교재에 녹음된 원어민 소리만으로는 부족할 수 있다. 살아 있는 청취력이란, 실제 현장에서 만나는 다양한 원어민의 말을 자연스럽게 알아들을 수 있는 능력을 말한다. 호프집에서, 비즈니스 현장에서, 생활 현장 곳곳에서 아무런 예고 없이 외국인을 만났을 때 자연스럽게 의사소통하기를 원한다면 그런 현장에서 실제로 들려오는 다양한 소리와 각종 표현들을 알아들을 수 있는 능력을 길러야 한다. 이를 위해서 추천하는 영어 교재는 바로 영화나 드라마다.

영미권 영화나 드라마에 나오는 대화 상황 수백 개를 보고 듣고 따라 하면서 완전히 당신의 것으로 만들어라. 한편을 통째로 자기 것으로 만들어도 좋고 마음에 드는 부분만 따로 선정해서 연습해도 좋다. 중요한 것은 선정한 영상물에 나오는 스토리, 대사, 감정, 몸짓, 표정 등을 똑같이 재연할 수 있도록 외워 버리는 것이다.

한편을 정복해보기로 마음먹은 사람들이 제대로 끝까지 가는 건 현실적으로 어려울 수도 있다. 사실 본 걸 또 보고 또 본다는 건, 말이 쉬운 거지 분명히 지루하고 재미없는 일이다. 미드나 영화 한 편이라는 기준이 애매하고 무언가 자신이 없으면 우선 이렇게 생각해보자.

'딱 500개! 우선 영화나 미드 대사 오백 문장을 완전히 내 말로 만들어 버린다!'

500문장이라고 생각하면 겁부터 나는 분들도 있을 것이다. 하지만 스토리가 있는 영상과 함께 익히면 생각보다 어렵지 않으니 크게 걱정하지 않아도 된다. 웬만한 사람들은 하루 1~2시간 정도 투자하면 3개월이면 모두 익힐 수 있다. 물론 거르지 않고 매일 꾸준하게 공부한다는 전제가 필요하다.

영화나 드라마 속에는 언어의 모든 구성 요소들이 빠짐없이 녹아 있다. 프로 배우들이 혼신의 힘을 다해서 연기를 하면서 살아있는 몸짓과 소리를 전해준다. 다양한 캐릭터의 다양한 말투와 감정이, 다양한 상황에서 쉬지 않고 이어진다. 대사 자체도 훈련된 프로 작가들이 쓰는 것들이라 사용되는 대사의 품질도 구어체로서는 더 이상 좋을 수 없을 정도로 훌륭하다. 이렇게 고품질로 이어지는 대사들은 자연스럽게 영어의 언어규칙을 몸으로 익히게 도와준다.

물론 영화나 드라마에는 단점도 있다. 모든 대사가 녹음실에서 깔끔하게 녹음한 것이 아니기 때문에 소리의 간섭현상이 생길 수도 있다. 배역에 따라서 불분명한 발음이 존재하고 초보자가 감당하기에는 말의 속도가 다소 빠르기도 하다. 또한 문화와 지식을 공유하는 현지인들만의 표현은 대본을 보더라도 이해하는 게 쉽지 않을 수도 있다.

하지만 이러한 단점이 있다는 것을 인식하고 보완할 수 있는 장치를 마련한다면 된다. 첫 시작을 도와줄 영어 멘토가 있다면 초보자 분들도 어렵지 않게 시작할 수 있다.

백 마디 말보다 한 번의 실천이 중요하다는 말이 있다. 아래 링크를 통하면 〈악마는 프라다를 입는다〉 한 씬의 샘플 영상 강의가 준비되어 있다. 한 장면을 외우고 난 이후에는 '영화 한 편을 씹어먹는 것'도 어렵지 않다는 것을 느낄 수 있을 것이다. 이 책을 통해 기본기를 다진 분들이라면 충분히 할 수 있으니까 너무 겁먹지 말고, 당장 시작해보자.

〈악마는 프라타를 입는다〉 영화로 영어 공부하기

★ 영화와 애니메이션을 활용해서 영어 공부하는 방법을 동영상 강의로 확인할 수 있습니다.

영화로 영어 공부
표준학습절차

훈련 준비하기

1. 앞 장에서 언급된 기준에 맞는 영화를 선정한다.

2. 영화 영상, 한국어/영어 자막과 대본, 오디오 파일을 준비한다.

3. 준비된 동영상과 오디오파일을 스스로의 일정에 맞게 분할한다.

4. 기본기 500문장에서 했던 훈련방법을 기억하면서 한 장면씩 학습을
   진행한다.

★ 직접 영화를 선정하고 공부하는 것이 힘든 학습자들은 코치재원이 운영하는 인터넷 카
   페를 방문해보세요. 말하기 코칭에 활용하는 영화와 애니메이션 대사 500개의 대사
   를 활용한 '영화로 영어 공부' 과정을 확인할 수 있습니다. (http://cafe.naver.com/
   lcjaewon)

표준훈련 절차

1. 한국어 자막으로 내용 파악하기

한국어 자막을 보면서 머릿속에 오늘 연습할 장면을 구체적으로 그려보자. "아 이런 상황이고, 저 배우는 저렇게 말하는구나." 라고 전체적인 상황을 이해할 수 있을 것이다. 만약 영어 자막으로만 본다면 이해하지 못하는 표현 때문에 이해하지 못한 부분이 더 많을 것이다. 스토리의 전개와 디테일을 익히기 위해 잘 번역된 한글 자막을 활용하자. 기억의 밭을 만드는 단계라고 보면 된다.

2. 한국어/영어 대본을 확인하며 각 문장의 정확한 의미 파악하기

초보자들은 한국어 자막의 도움을 받더라도 각 어휘나 표현들의 정확한 의미나 문장의 구조들을 파악하기 힘들 수도 있다. 특히 영화 대사에는 한국적으로 의역되어 있는 대사가 많기 때문에 영어 자막이나 구글링을 활용해서 정확하게 의미를 파악해야 한다. 한 문장씩 의미를 완전히 받아들이는 단계이다. 어려운 문장은 L.B.T(Learning By Teaching)을 활용해서 스스로에게 설명해주는 것이 좋다.

> ★ 이 부분은 학습자 본인이 직접 진행하는 것보다 온/오프라인 강의를 적극 활용하는 것을 추천한다. 자료와 표현을 찾는 시간을 아껴서 1분이라도 더 말하기 연습에 투자하는 것이 더 효율적이다.

3. 영어 리듬 살려서 말하기 (1차 단순 암기)

한 문장씩 문장을 여러번 듣고 따라 하는 과정을 반복해보는 단계이다. 해당 문장을 한 번 듣고 자연스럽게 따라 할 수 있을 정도로 반복해야 한다. 문장이 어렵거나 너무 긴 경우 의미 단위별로 잘게 쪼개서 연습하는 것이 좋다. 사람에 따라서 다르지만 약 10~30번 이상 반복해서 따라한다고 생각하자.

말 속도가 빨라서 입에 잘 안 붙는 문장은 조금 더 천천히 따라해 보자. 배속 조정을 통해 0.5~0.8배속으로 들으면서 그 속도 그대로 따라한다고 생각하면 된다. 말 속도보다 중요한 것은 영어의 멜로디이다. 이때 큰 소리로 말하는 것은 잊지 말자.

4. 감정 이입해서 말해보기

여러 번 따라해서 익숙해진 문장을 배우가 말하는 것처럼 감정을 담아 말해보자. 단순히 대사를 말하는 게 아니라 해당에 몰입해서 실제 상황처럼 말해보는 단계이다. 발 연기 걱정하지 말고 오버액션 하면서 비슷하게 따라해보자.

5. 전체 내용 파악하기 (L.B.T 적극활용)

해당 장면을 한국어로 설명하면서 내용을 정리하는 단계이다. 그 장면을 보지 않은 사람도 해당 내용을 예상할 수 있을 정도로 설명해보자. 이 단계에서 꼭 기억해야 할 것이 있다. 배운 장면을 말을 할 때는 머릿속에서 외운 문장을 활자를 생각하지 않아야 한다는 것이다. 대사보다는 그 장면과 상황을 기억하면서 자연스럽게 말을 하면 좋다. 이 때 도움이 되는 것이 전체 문장을 한국어로 설명해보는 것이다.

6. 처음부터 끝까지 말하고 쓰기

1~4번까지를 거치면서 연습한 내용들을 떠올리면서 처음부터 끝까지 영어로 말하고 써보는 단계이다. 완전히 다 외웠다고 생각해도 막상 문

장을 쓰고 말해보면 곳곳에 빠뜨린 부분이 보일 것이다. 대본과 비교하면서 어떤 부분이 틀렸는지 점검하고 다시 말하고 써보자. 이 과정을 통해 조금씩 언어의 규칙과 문법이 정확하게 체화될 수 있을 것이다.

6. 복습 & 영화 대사 바꿔 말하기

완성된 장면은 여러 번 복습하면서 완전히 내 것으로 만들어 보자. 복습을 한 이후에는 배운 대사들을 다양하게 바꿔 말해보는 것도 잊지 말자. 단순히 영화 대사를 외운 것이 아니라 다양하게 활용할 줄 알아야 한다. 처음에는 어색해도 여러 번 반복하다 보면 배우처럼 편하게 말할 수 있을 것이다.

영화로 영어 공부 실전편

'백문이 불여일견'이라는 말이 있다. 백 번 듣는 것이 한 번 보는 것보다 못하다는 뜻으로, 직접 경험해야 확실히 알 수 있다는 말이다. 영화로 영어 공부도 막연하게 생각하는 것보다 한 번 해보는 게 좋다. 실제로 짧은 장면을 외워보면 생각보다 어렵지 않다는 것을 알 수 있을 것이다. 표준훈련 절차에 따라서 7개의 문장을 연습해보자.

Tip

 겨울왕국

01. 원하는 게 뭐에요?

02. 저를 북쪽 산으로 데리고 가줬으면 좋겠어요.

03. 저는 사람을 어디다 데려다 주는 일을 하지 않아요.

04. 다른 말로 바꿔서 할게요.

05. 윽.

06. 저를 북쪽 산으로 데리고 가주세요.

07. 이봐요. 어떻게 하면 이 겨울을 끝낼 수 있는지 난 알고 있어요.

01. What do you want?

02. I want you to take me up the North Mountain.

03. I don't take people places.

04. Let me rephrase that…

05. Umph.

06. Take me up the North Mountain… Please.

07. Look, I know how to stop this winter.

★ take: (사람을) 데리고 가다, 데려다 주다

★ rephrase: (뜻을 분명히 하기 위해) 바꾸어 말하다

★ I want you to + 동사원형: 나는 당신이 ~해주기를 바란다. (상대방이 무엇을 해주기를 바랄 때 잘 사용하는 표현)

★ Let me 동사: '내가 ~할게/ ~할 거야' (상대방에게 허락을 구하거나 무엇을 할 기회를 요청할 때 사용하는 말)

하루 1분 영어 Great! 오디오 클립

★ 영화 속 명대사가 주는 잔잔한 감동과 함께 쉽고
   재미있는 영어 공부를 할 수 있는 채널

"영어로 즐길 수 있는 시작점 정도만 만들어도 소원이 없을 것 같아요."

영어핵 원정대를 함께 했던 20~40대 학생, 직장인

시중에는 다양한 컨셉의 영어 책들을 찾아볼 수 있다. 그렇기 때문에 특정 대상을 위한 영어 학습법이 모두 따로 존재한다고 생각하는 분들도 많다. 심지어는 나에게 꼭 맞는 학습법이 무엇인지 찾다가 제자리걸음만 하는 분들도 있다.

하지만 '영어로 간단한 나의 생각을 말하는 것이 힘들다면' 우리가 가야 하는 지점은 같다. 화려한 스킬보다는 단단한 영어의 기본기를 만드는 것이다. 단단한 기본기를 쌓은 다음, 각자의 특성에 맞는 쪽으로 기본기를 확장해 가면 되는 일이다.

물론 개인의 현재 상태에 따라서 상대적으로 쉽거나 어렵게 느낄 수는 있다. 하지만 기본기를 쌓기 까지 가야하는 방법은 다르지 않다. 이런 점들을 설득하기 위해서 다른 성별, 나이, 직업군을 가진 사람들을 바탕으로 작은 실험을 해보았다. 바로 '영어핵 원정대'이다.

인터넷을 통해서 원정대 대원들을 모집해서 사전 인터뷰부터 시작했다. 처음에는 밝게 웃던 사람들도 영어 이야기만 나오자 표정이 급격히 어두워졌다.

"나에게 영어란 어떤 존재인가요?"

"가질 수 없는 너? 보고 싶지 않은데 봐야 하거든요. 정말 친해지고 싶은데… 쉽지 않네요. 이러다가 평생 친해질 수 없을 것 같아서 겁도 나요."

"그러면 3개월 후에는 어느 정도까지 하고 싶나요?"

"당구를 쳐도 50은 쳐야 친구와 즐기면서 놀 수 있거든요. 그런데 제 영어는 아직 30도 안 되는 것 같아요. 이 정도 실력이면 애매하거든요. 영어로 즐길 수 있는 시작점 정도만 만들어도 소원이 없을 것 같아요."

이런저런 대화를 통해서 원정대원들의 상태를 파악했다. 다들 하는 말이 조금씩 다르지만 핵심은 같았다. 영어의 기본기가 부족하다는 것이다. 그렇게 원정대의 첫 여정이 시작되었다. 가장 신경 썼던 부분은 '매일 꾸준히 하는 것'이었다. 다들 바쁜 일정을 보내고 있기에 조금만 방심해도 멈춰버릴 수 있었다. 매일 일지를 쓰게 하고 벌금 제도도 마련했다.

모두가 함께 발을 맞춰 걸으니 혼자서 일탈(?)을 하기가 힘들었다. 회식 후 집에 와서 술에 취한 목소리로 녹음을 해준 분도 있고, 해외여행을 가서 영상을 올려준 분도 있었다. 함께하는 사람들이 있으니 중간에 멈추기가 어려워졌다. 서로가 서로에게 힘이 되어준 것이다.

한두 달이 지나자 자연스럽게 영어가 습관으로 자리잡기 시작했다. 큰 소리로 말하는 것도, 감정이입을 하면서 말하는 것도 처음에만 어색했지 시간이 갈수록 꽤나 자연스러워졌다. 어느 날 원정대의 한 분이 대뜸 이런 말을 했다.

"처음에는 이걸 어떻게 하나 생각했는데 주변을 보니까 다 하고 있더라고요. 괜히 안하면 나만 이상한 사람이 될 것 같아서 일단 하긴 했어요. 그런데 실제로 해보니까 할 만 한 거예요. 아마 나 혼자 하라고 했으면 안 했을 거예요. 원정대에 들어오길 잘 한 것 같아요."

처음에는 큰 소리로 연습하는 것도, 스스로 설명하는 것도 어색하다면서 난색을 표했던 분이었다. 하지만 이런 훈련들을 하지 않으면 나만 뒤쳐지는 것 같아서 해봤는데 생각보다 효과가 좋았던 것이다. 그 다음부터는 오히려 그냥 단순암기를 하면 더 어색하다고 했다.

그리고 어느 순간부터 '나를 위한 특별한 영어 학습법이 있다'라는 생각이 전혀 들지 않는다고 했다. 예전에는 연습은 거의 하지 않고 책을 사거나 방법을 찾는 데만 집중했었는데, 그러다보니 실력은 늘지 않고 걱정만 늘어났다고 했다. 이제는 연습을 통해 몸으로 익히니 그런 걱정은 생길 틈이 없었다.

3개월이 지날 무렵, 모두 다른 사람이 되어 있었다. 이제는 더 이상 영어 방법을 찾아 헤매지 않게 된 것이다. 기초 문장과 영화 훈련을 통해 쌓은 문장들은 탄탄한 기본기가 되어 주었고, 간단한 말은 영어로 할 수 있다는 자신감도 생겼다. 짧은 시간은 아니었지만 모두가 하나 되어 성취했던 소중한 경험이었다.

실전 워크북

1~5장의 이야기를 통해서

'매일 1시간 쓱 보면 툭 나오는 영어 공부법'을 알아봤다.

하지만 아무리 좋은 방법이 있다고 해도 실천하지 않으면 그만이다.

이제부터 하나씩 차근차근 연습해보자!

PART 6

쓱쓱 영어 스터디 플랜

영어 공부를 시작하기 전에 한 장짜리 계획표를 작성해
보자. 한 눈에 보이면서 보는 즉시 알아볼 수 있기 때문
에 효과가 좋다. 이렇게 완성된 계획표를 책상 앞에 붙여
두거나 핸드폰 배경 화면으로 지정해 두자. 의지력이 약
해질 때마다 도움을 줄 수 있을 것이다.

쓱툭 영어 계획표 (예시)				
제목	프리토킹을 할 수 있는 영어의 기본기 만들기			
현재 상태	영어에 손을 놓은 지가 오래 되어서 간단한 말 한 마디 하는 것도 힘들다. 간단한 말들을 눈으로 보면 대충 알 것 같지만, 입으로 말하는 것은 쉽지 않다. 영어로 말을 할 때 틀리는 것에 대한 두려움도 조금 가지고 있다.			
큰 목표	당당하게 해외 출장을 갈 것이다. 내가 아는 말을 활용해서 외국인들과 시원하게 말도 하고, 인정도 받을 것이다. 앞으로 영어 때문에 나에게 찾아온 기회를 놓치는 일이 없게 만들 것이다.			
작은 목표	1~3월 3개월 동안 매일 1시간씩 꾸준히 할 예정이다. 평일에 시간이 바쁠 때는 주말 오전 시간을 활용해서 시간을 채울 것이다. 3달 동안 책에 있는 기본기 만들기 500문장을 완전히 제 것으로 만들 것이다. 자투리 시간을 활용해서 매일 5분씩 꾸준히 집에서 말하기 훈련을 진행할 예정이다.			
계획	구분	주차	세부내용	미션
	1개월	1주차	준비단계 Day 1~5, 아웃풋 연습 3분	영어 10분 프리토킹
		2주차	준비단계 Day 6~10, 아웃풋 연습 3분	
		3주차	준비단계 Day 11~15, 아웃풋 연습 3분	
		4주차	준비단계 Day 16~20, 아웃풋 연습 3분	
	2개월	1주차	1단계 Day 1~5, 아웃풋 연습 5분	외국인과 함께 하는 곳에 참여하기 (ex) 언어교환 모임
		2주차	1단계 Day 6~10, 아웃풋 연습 5분	
		3주차	1단계 Day 11~15, 아웃풋 연습 5분	
		4주차	1단계 Day 16~20, 아웃풋 연습 5분	
	3개월	1주차	2단계 Day 1~5, 아웃풋 연습 10분	외국인에게 한국 소개시켜 주기
		2주차	2단계 Day 6~10, 아웃풋 연습 10분	
		3주차	2단계 Day 11~15, 아웃풋 연습 10분	
		4주차	2단계 Day 16~20, 아웃풋 연습 10분	
시간설정	1) 출근하는 지하철 안에서 스마트폰 활용해 강의 듣기 (15분) 2) 점심시간을 활용해서 아침에 강의 들었던 내용을 말하고 써보기 (15분) 3) 퇴근 후 집 근처 한 바퀴 돌면서 오늘 배운 내용 암기해서 말해보기 (15분) 4) 자기 전 오늘 했던 내용들 복습하고 카페에 일지 작성하기 (15분)			
사람설정	[쓱툭 영어] 카페에 가입 후, 온라인 과정으로 사람들과 함께 하기 꾸준하게 일지를 작성하고, 사람들과 댓글로 소통하면서 함께하기			

매일 1시간 쓱 보면 툭 나오는 영어 공부법

쓱툭 영어 계획서				
제목				
현재 상태				
큰 목표				
작은 목표				

	구분	주차	세부내용	미션
계획	1개월	1주차		
		2주차		
		3주차		
		4주차		
	2개월	1주차		
		2주차		
		3주차		
		4주차		
	3개월	1주차		
		2주차		
		3주차		
		4주차		
시간설정				
사람설정				

영어와 한국어의 차이

한국 사람들이 영어를 배우는 것은 쉽지 않다고 한다. 그 이유를 찾아보면 크게 두 가지다. 첫 번째는 영어와 한국어가 가지고 있는 구조의 차이 때문이고, 두 번째는 두 언어의 멜로디 차이 때문이다.

가장 먼저 영어와 한국어의 구조에 대해서 생각해보자. 한국어는 '나는 밥을 먹었습니다.'와 같이 동사가 문장의 마지막에 오는 것이 일반적이다. 주어를 생략해도 말이 되며, 상황에 따라서 문장의 순서가 달라지기도 한다.

그리고 하지만 영어는 상황보다는 문장의 순서가 더 중요하다. 내가 생각하는 한국어의 문장을 그대로 번역해서 영어로 말하다 보면 문장을 만드는 게 더 어려워질 수 있다. 한국식 사고 그대로 영어를 말한다면, 원어민들은 그들의 사고 구조에 맞춰 각각의 단어를 머릿속에서 다시 정렬하는 과정을 거쳐야 한다. 서로에게 비효율적인 의사소통이 될 수 있다는 것이다.

매일 1시간 쓱 보면 툭 나오는 영어 공부법

어릴 때 한 번쯤은 배웠던 '주어-동사-목적어' 순서대로 문장을 구성해보자. 문장의 실행자를 찾아 주어로 놓고, 바로 다음에 액션을 표현하는 동사를 말하는 것이다. 한국어와는 반대인 이러한 구조로 문장을 만드는 연습을 계속해서 반복해야 한다. 여러 문장들을 익히다 보면 자연스럽게 감이 잡힐 것이다.

그리고 두 번째는 두 언어 사이에 있는 멜로디의 차이이다. 모든 언어는 고유의 멜로디를 가지고 있다. 그런데 영어는 한국어와 많이 다른 특유의 멜로디가 있어서 더욱 어렵게 느껴진다.

일반적으로 언어의 소리는 크게 세 가지로 분류할 수 있다. 소리의 길이, 소리의 높이, 소리 그 자체가 바로 그것이다. 길이는 흔히 말하는 언어의 리듬을 말한다. 영어는 길이의 변화, 즉 리듬의 변화가 상대적으로 매우 큰 언어라고 알려져 있다. 물론 높이의 변화도 마찬가지로 매우 큰 언어이기도 하다. 영어는 음악과 같은 언어라는 말을 자주 들어봤을 것이다. 장단과 음정의 변화가 합쳐지면 바로 음악의 멜로디로 연결된다. 학습자들이 대부분 알고 있는 '인토네이션 intonation' 이 바로 그것이다.

영어의 멜로디를 익히기 위해서는 가장 먼저 원어민의 소리를 집중해서 들으면서 말소리의 흐름을 살펴야 한다.

'여기는 길게 말하고, 또 여기는 거의 소리를 안내고 짧게 말하고, 여기는 꽤 힘을 줘서 높은 음정으로 말을 하는구나!'

이런 식으로 소리를 관찰하는 것이다. 그러면서 그 소리를 그대로 내보려고 최대한 노력을 해봐야 한다. 그런데, 여기서 중요한 것들이 있다. 첫 번째는 평소 목소리보다 훨씬 큰 목소리로 연습하는 것이고, 두 번째는 연습한 목소리를 녹음해서 확인해 보는 것이다. (이 부분들은 추가 코칭

부분에서 자세히 설명이 되어 있다.)

이렇게 영어의 구조와 멜로디를 잘 활용해서 말을 하면 훨씬 더 이해하기 쉬운 영어 문장을 만들어 낼 수 있다. 특히 발음과 문법이 완벽하지 않은 영어 초보자 분들에게는 더더욱 필요한 부분이다. 500문장 연습을 통해서 영어의 구조와 멜로디로 말하는 것을 습관화해보자.

영어의 핵 구축 준비단계
〈100문장 기초 훈련〉

1일 5문장 스스로 가르치면서 익힌다!

★ 반복횟수를 체크하세요!

1 2 3 4 5

DAY 1

1. 평서문 현재 네 새 드레스 맘에 든다.

2. 평서문 과거 그들은 패스트푸드 식당에 들어갔다.

3. 평서문 미래 나는 내 취미를 즐길 것이다.

4. 의문문 일반 수정 펜이 필요하세요?

5. 의문문 과거 또 아침 건너뛰었어?

1. I **like** your new dress.

2. They **entered** a fast food restaurant.

3. I will **enjoy** my hobby.

4. Do you **need** a correction pen?

5. Did you **skip** breakfast again?

DAY 2

6. 평서문 현재 주위에 좋은 사람들이 많아요.

7. 평서문 과거 그는 즉시 그 제안을 거절했다.

8. 평서문 미래 너는 이날을 절대 잊지 못할 거야.

9. 의문문 일반 강의를 청강할 수 있어요?

10. 의문문 과거 유럽 여행은 재미있었습니까?

6. I **have** many good people around me.

7. He **refused** the proposal immediately.

8. You will never **forget** this day.

9. Can I **attend** your lecture?

10. Did you **enjoy** your trip to Europe?

DAY 3

11. 평서문 현재 새로운 차를 사기 위해서 돈을 저축해야 해.

12. 평서문 과거 우산을 가져가는 걸 깜빡했다.

13. 평서문 미래 제가 이 신제품에 대해 빨리 설명을 드리도록 하겠습니다.

14. 의문문 일반 당신의 새 코트가 마음에 드나요?

15. 의문문 과거 부모님을 위해 멋진 아침 식사 만들어 드렸어?

11. I should **save** money to buy a new car.

12. I **forgot** to **take** my umbrella.

13. I'll **explain** quickly about this new product.

14. Do you **like** your new coat?

15. Did you **make** a wonderful breakfast for your parents?

매일 1시간 쓱 보면 툭 나오는 영어 공부법

DAY 4

16. `평서문 현재` 스마트폰을 사용하면 공부에 방해가 될 수 있어.

17. `평서문 과거` 그들은 논의해야 할 중요한 문제들이 있었다.

18. `평서문 미래` 그 남자는 아주 괜찮은 샐러리맨이 될 거예요.

19. `의문문 일반` 제가 묵을 호텔 좀 알아봐 줄래요?

20. `의문문 과거` 그에게 읽는 법을 가르쳐 줬어?

16. Using smartphone can **disturb** our studies.

17. They **had** important matters to **discuss**.

18. He will **be** a great office worker.

19. Can you **find** a hotel for me?

20. Did you **teach** him how to **read**?

DAY 5

21. 평서문 현재 날씨 때문에 우리 계획이 바뀔 수 있어요.

22. 평서문 과거 어제 운전면허 시험에 떨어졌어요.

23. 평서문 미래 우리 가족과 함께 할머니 댁에 방문할 거야.

24. 의문문 일반 봉사료가 포함된 가격인가요?

25. 의문문 과거 한국에서 의학을 얼마 동안 공부했어요?

21. The weather can **change** our plans.

22. I **failed** my driver's test yesterday.

23. I will **visit** my grandmother's house with my family.

24. Does the price **include** the service charge?

25. How long did you **study** medicine in Korea?

DAY 6

26. `평서문 현재` 너는 그에게 대답하지 않아도 돼.

27. `평서문 과거` 난 따뜻한 날씨를 즐기기 위해 공원으로 갔어.

28. `평서문 미래` 영화는 30분 후에 시작한다.

29. `의문문 일반` 가격을 약간 낮추어 주실 수 있으신가요?

30. `의문문 과거` 왜 이곳에 돌아오기를 거부했나요?

26. You don't have to **answer** to him.

27. I **went** to a park to **enjoy** the warm weather.

28. The movie will **start** in half an hour.

29. Could you **lower** the price a little?

30. Why did you **refuse** to come back here?

DAY 7

31. `평서문 현재` 당신 제안에 100% 동의합니다.

32. `평서문 과거` 그때 이후로 나는 마음을 바꾸었다.

33. `평서문 미래` 내가 네 숙제 도와줄게.

34. `의문문 일반` 맥주를 얼마나 마셨어요?

35. `의문문 과거` 계란 사는 거 잊었어요?

31. I **agree** with your suggestions a hundred percent.

32. I **have changed** my mind since then.

33. I will **help** you with your homework.

34. How much beer did you **drink**?

35. Did you **forget** to **buy** eggs?

DAY 8

36. 평서문 현재 나는 요즘 스마트폰만 사용한다.

37. 평서문 과거 누가 주차해둔 내 차를 들이받고 도망갔어요.

38. 평서문 미래 내 꿈을 이루기 위해 열심히 공부할 거야.

39. 의문문 일반 파티에 친구를 데려가도 될까요?

40. 의문문 과거 리모컨 어디 있었어요?

36. I only **use** smartphone these days.

37. Somebody **hit** my parked car and **drove** away.

38. I will **study** hard to achieve my dream.

39. Can I **bring** a friend to the party?

40. Where **was** the remote controller?

DAY 9

41. `평서문 현재` 우리는 매우 강력한 경쟁 상대와 맞서고 있다.

42. `평서문 과거` 우리 형이 내 노트북을 빌려가서는 고장내 버렸어.

43. `평서문 미래` 월말까지는 이 일을 끝내겠습니다.

44. `의문문 일반` 어떻게 여자에게 접근하는지 알아?

45. `의문문 과거` 왜 한국을 방문하고 싶었어요?

41. We are **facing** a very strong competitor.

42. My brother **borrowed** my laptop and **broke** it!

43. I will **finish** this work by the end of this month.

44. Do you **know** how to **approach** a woman?

45. Why did you **want** to **visit** Korea?

매일 1시간 쓱 보면 툭 나오는 영어 공부법

DAY 10

46. 평서문 현재 네 자신을 다른 사람들과 비교할 필요가 없어.

47. 평서문 과거 그의 이야기는 전 세계의 많은 사람들을 감동시켰다.

48. 평서문 미래 나는 마지막 일을 마칠 때까지 잠을 자지 않을 거야.

49. 의문문 일반 호텔로 안내용 책자를 보내 주시겠습니까?

50. 의문문 과거 지난 주말에 세미나에 참석하셨나요?

46. You don't **need** to **compare** yourself with other people.

47. His story **moved** many people around the world.

48. I won't **sleep** until I **complete** my final task.

49. Could you **send** me brochures to the hotel?

50. Did you **attend** the seminar last weekend?

DAY 11

51. `평서문 현재` 돈을 유용하게 쓰는 방법을 알아야 한다.

52. `평서문 과거` 영어 능력을 향상시키기 위해 열심히 공부했습니다.

53. `평서문 미래` 당신의 문제를 해결하도록 도와드릴게요.

54. `의문문 일반` 토요일에 저녁 식사에 초대해도 되겠습니까?

55. `의문문 과거` 이 회사에 언제 입사하셨나요?

51. You should **know** how to **use** money wisely.

52. I **studied** hard to **improve** my English skills.

53. I will **help** you to solve your problem.

54. May I **invite** you to dinner on Saturday?

55. When did you **join** the company?

DAY 12

56. 평서문 현재 나는 뒷마당에 작은 정원을 갖고 싶어.

57. 평서문 과거 그는 펑크난 타이어를 새것으로 교체했다.

58. 평서문 미래 나는 아마 외국에 갈 거야.

59. 의문문 일반 이 스터디 그룹에 가입할 수 있나요?

60. 의문문 과거 일본에 다녀온 적이 있습니까?

56. I **want** to **have** a small garden in my back yard.

57. He **replaced** a flat tire with a new one.

58. I will probably **go** abroad.

59. Can I **join** this study group?

60. Have you ever **been** to Japan?

DAY 13

61. `평서문 현재` 나는 세계를 여행하고 싶어.

62. `평서문 과거` 난 내 친구들을 영원히 잃을 수도 있어.

63. `평서문 미래` 우리는 언젠가 멋진 오토바이를 살 거예요.

64. `의문문 일반` 어떤 공부 습관을 가지고 싶어요?

65. `의문문 과거` 휴가 잘 보내셨어요?

61. I want to **travel** around the world.

62. I could **lose** my friends forever.

63. We will **buy** a great motorcycle someday.

64. What kind of study habits do you **want** to **have**?

65. Did you **have** a good time on your vacation?

매일 1시간 쓱 보면 툭 나오는 영어 공부법

DAY 14

66. `평서문 현재` 짠 음식을 너무 많이 먹으면 건강 문제를 일으킬 수 있다.

67. `평서문 과거` 너는 비상 타이어를 가지고 왔었어야 했어.

68. `평서문 미래` 제 비행 스케줄을 이메일로 보내드릴게요.

69. `의문문 일반` 내게 겁주려고 하는 거야?

70. `의문문 과거` 우산을 어디에 두고 왔니?

66. Eating too much salty food can **cause** health problems.

67. You should've **brought** a spare tire.

68. I will **email** you my flight schedule.

69. Are you trying to **scare** me?

70. Where did you **leave** your umbrella?

DAY 15

71. **평서문 현재** 나는 항상 형과 논쟁을 한다.

72. **평서문 과거** 패트릭이 어제 내게 이메일을 보내왔어.

73. **평서문 미래** 우리 집을 당신 회사에 팔겠습니다.

74. **의문문 일반** 내일 아침 모닝콜 좀 해주시겠어요?

75. **의문문 과거** 전에 이 프로그램 써본 적 있어요?

71. I **argue** with my brother all the time.

72. Patrick **emailed** me yesterday.

73. I will **sell** my house to your company.

74. Can I **get** a wake-up call tomorrow morning?

75. Have you ever **used** this program before?

매일 1시간 쓱 보면 툭 나오는 영어 공부법

DAY 16

76. **평서문 현재** 손님들을 가족처럼 대해야 해요.

77. **평서문 과거** 그들은 우리에게 음식과 음료를 제공했다.

78. **평서문 미래** 이 아름다운 노래가 당신의 마음을 움직일 겁니다.

79. **의문문 일반** 정말로 살을 빼고 싶으세요?

80. **의문문 과거** 이메일 주소를 최근에 바꿨나요?

76. You should **treat** guests like family.

77. They **provided** food and drink to us.

78. This beautiful song will **move** your heart.

79. Do you really want to **lose** weight?

80. Did you **change** your e-mail address recently?

DAY 17

81. `평서문 현재` 높은 산들이 그 골짜기를 둘러싸고 있다.

82. `평서문 과거` 그 그룹은 콘서트를 위해 준비했던 모든 것을
    보여주었어.

83. `평서문 미래` 이 새 증거가 그들의 무죄를 입증해줄 것이다.

84. `의문문 일반` 봉구와 통화할 수 있을까요?

85. `의문문 과거` 언제 가수가 될 것을 결심했나요?

81. High hills **surround** the valley.

82. The group **showed** everything that they **prepared** for
    the concert.

83. This new evidence will **prove** their innocence.

84. May I **speak** to Bong-gu, please?

85. When did you **decide** to **become** a singer?

매일 1시간 쓱 보면 툭 나오는 영어 공부법

DAY 18

86. 평서문 현재 도시락을 가져올 필요는 없다.

87. 평서문 과거 당신은 일을 잘 해냈어!

88. 평서문 미래 곧 새 일을 시작할 것 같아요.

89. 의문문 일반 너는 얼마나 자주 영어 공부를 하니?

90. 의문문 과거 여기서 일한 지 얼마나 됐어요?

86. You don't have to **bring** your lunch.

87. You **did** a great job!

88. I think I will **start** a new job pretty soon.

89. How often do you **study** English?

90. How long have you **worked** here?

DAY 19

91. `평서문 현재` 내가 말할 때 방해하지 마.

92. `평서문 과거` 그는 월요일에 서울을 떠나려고 계획했다.

93. `평서문 미래` 다음번에 네 질문에 답해 줄게.

94. `의문문 일반` 이 부분을 좀 더 설명해주시겠어요?

95. `의문문 과거` 언제 세수했어요?

91. Don't **interrupt** me when I'm **talking**.

92. He **planned** to **leave** Seoul on Monday.

93. I will **answer** your question next time.

94. Can you **explain** this part a little more?

95. When **did** you **wash** your face?

매일 1시간 쓱 보면 툭 나오는 영어 공부법

DAY 20

96. 평서문 현재 우리는 지출을 줄일 필요가 있다.

97. 평서문 과거 그 사람들이 이 기술을 성공적으로 개발했다.

98. 평서문 미래 저희는 모든 스낵을 무료로 제공할 것입니다.

99. 의문문 일반 방 온도를 올려 주시겠어요?

100. 의문문 과거 언제 영어를 배우기 시작했나요?

96. We need to **reduce** our spending.

97. They **developed** this technology successfully.

98. We will **provide** all of the snacks for free.

99. Could you **raise** the temperature in the room?

100. When did you **start** learning English?

영어의 핵 구축 1단계
⟨200문장 기초 문법⟩

말하기에 꼭 필요한 문법을 익힌다!

★ 반복횟수를 체크하세요!

DAY 1. 일반동사 현재시제 (I do)

Learning By Teaching: 이해하고! 가르치면서! 내 것으로!

단순현재 시제는 '늘 그렇다'라는 느낌이 있다. 그래서 현재, 과거, 미래에 변함없이 일어나는 일을 말할 수 있다. 반복적으로 일어나는 일이나 일반적인 사실을 설명할 때 일반동사 현재시제를 사용할 수 있다.
(ex) 습관, 직업, 과학적 사실

★ 모양은 '동사 원래 모양 그대로' 사용한다. (주어가 3인칭 단수면 -s, -es)

★ 부정문 (do/does not + 동사원형)

★ 의문문 (do/does + 주어 + 동사원형)

1. 저는 일주일에 한 번 신문을 삽니다.

2. 그녀는 매일 영어 공부를 해요.

3. 저는 휴대전화를 자주 잃어버려요.

4. 지구는 태양 주위를 돈다.

5. 그들은 제 전화번호를 몰라요.

6. 제임스는 어린아이들에게 영어를 가르친다.

7. 당신은 절대 다른 사람에 대해 생각하지 않아요.

8. 너는 매일 샤워를 하니?

9. 체육관에 얼마나 자주 가니?

10. 퇴근 후에 보통 뭐하세요?

영어

1. I buy a newspaper once a week.

2. She studies English every day.

3. I often lose my cellphone.

4. The Earth goes around the sun.

5. They don't know my phone number.

6. James teaches English to young children.

7. You never think about other people.

8. Do you take a shower every day?

9. How often do you go to the gym?

10. What do you usually do after work?

DAY 2. 일반동사 과거시제 (I did)

Learning By Teaching: 이해하고! 가르치면서! 내 것으로!

과거는 한 걸음 물러나기라고 볼 수 있다. 동사의 과거형은 시간이 지금에서 과거의 어느 한때로 물러난 것이다. '~했다'라는 의미로 과거에 일어난 일에 대해 말할 때 과거시제를 사용한다. 일반동사를 과거로 만들 때는 보통 동사 뒤에 '-ed'를 붙여준다. (ex) start → started

★ did처럼 규칙적으로 모양이 바뀌지 않는 불규칙 동사들은 따로 외워줘야 한다. (ex) buy → bought, go → went, have → had

★ 부정문 (did not + 동사원형), 의문문 (did + 주어 + 동사원형)

★ 단순과거시제와 함께 잘 사용되는 표현(과거의 한때를 나타내는 표현들): ago(~전에), last night(지난밤), last week(지난주), yesterday(어제) 등

1. 새 옷을 좀 샀어요.

2. 전 24살 때 회사에 입사했어요.

3. 우리는 지난주에 두 번 영화를 보러 갔어요.

4. 어젯밤에 두 시간 동안 TV를 봤어요.

5. 그녀는 어제 출근하지 않았어요.

6. 그는 두 달 전에 새 직장을 시작했어요.

7. 몇 시에 일을 끝냈어요?

8. 어제 방 청소했어요?

9. 지난 주말에 뭐했어요?

10. 어제 맥주를 얼마나 마신 거야?

영어

1. I bought some new clothes.

2. I joined the company when I was 24.

3. We went to the movies twice last week.

4. I watched TV for two hours last night.

5. She didn't go to work yesterday.

6. He started his new job two months ago.

7. What time did you finish your work?

8. Did you clean your room yesterday?

9. What did you do last weekend?

10. How much beer did you drink yesterday?

DAY 3. 현재완료시제 (I have done)

Learning By Teaching: 이해하고! 가르치면서! 내 것으로!

앞서 배운 단순 과거시제는 분명한 과거의 한 시점의 상황만을 말해준다. 반면에 현재완료는 과거의 확실하지 않은 한 시점에서 현재까지의 정보를 모두 전달해 준다. 이렇게 현재완료형을 사용하면 현재를 강조하면서 과거에 일어난 일을 말해 줄 수 있다. (형태는 have / has + 과거분사)

★ 과거분사는 주로 동사원형 끝에 -(e)d를 붙인다. 그러나 형태가 불규칙적으로 변하는 동사들도 있다. 그 동사들은 문장에 나오는 것부터 하나씩 외워주면 된다.

★ 현재완료시제는 just(방금, 막), already(예상보다 앞서), yet(아직), for+기간(~동안), since+시작된 시점(~부터) 등의 표현과 함께 사용할 수 있다.

★ (ex) '나는 내 지갑을 잃어버렸다' – 단순과거시제와 현재완료 시제 비교

과거 I lost my wallet (과거 한 시점에) 지갑을 잃어버렸다.

현재완료 I have lost my wallet (과거 한 시점에 지갑을 잃어버려서) 지금도 지갑이 없다.

매일 1시간 쓱 보면 툭 나오는 영어 공부법

1. 제니는 도서관에 갔어.

2. 나는 이미 점심을 먹었어.

3. 그는 3년 동안 오래된 스마트폰을 사용했다.

4. 제임스와 나는 매우 좋은 친구야. 우리는 10년 동안 서로 알고 지냈어요.

5. 도쿄에서 온 비행기가 공항에 방금 막 도착했다.

6. 나는 학교를 졸업한 이후로 여기서 일해 왔어요.

7. 난 아직 숙제를 안 끝냈어.

8. 우리 부모님은 결혼한 지 40년이 되었어.

9. 중국에 가본 적 있어요?

10. 서울에 얼마나 오래 살았나요?

1. Jenny has gone to the library.

2. I've already had lunch.

3. He has used his old smartphone for three years.

4. James and I are very good friends. We've known each other for 10 years.

5. The plane from Tokyo has just arrived at the airport.

6. I've worked here since I graduated school.

7. I haven't finished my homework yet.

8. My parents have been married for 40 years.

9. Have you ever been to China?

10. How long have you lived in Seoul?

DAY 4. be동사 (I am/I was)

Learning By Teaching: 이해하고! 가르치면서! 내 것으로!

be동사를 활용해서 기분이나 상태, 존재, 직업 등을 나타낼 수 있다. ('~이다, ~에 있다, 어떠하다') be동사는 홀로 의미를 가지지 않는다. (일반동사는 각각의 의미를 가진다.)

주어	be동사
I	am
he / she / it	is
we / you / they	are

be동사 현재 시제	be동사 과거 시제
am / is	was
are	were

★ 일상적인 대화에서는 축약된 형태로 더 많이 사용한다. (was/were 는 축약된 형태로 사용하지 않는다.) (ex) I am → I'm / He is → He's / You are → You're

★ 부정문 (be동사 뒤에 not을 붙인다.)

★ 의문문 (주어와 be동사의 위치를 바꾼다.)

1. 제니는 학생이 아니에요. 그녀는 선생님입니다.

2. 내가 가장 좋아하는 색은 초록색이야.

3. 우리는 좋은 친구다.

4. 부모님은 잘 지내요?

5. 이 호텔은 그렇게 좋지 않네요. 왜 그렇게 비싼가요?

6. 아이들이 몇 분 전에 여기 있었어.

7. 어제 제니는 어디 있었니?

8. 난 어젯밤에 피곤했어.

9. 지난주 날씨는 좋았어.

10. 오늘 아침에 왜 늦었어?

1. Jenny is not a student. She is a teacher.

2. My favorite color is green.

3. We are good friends.

4. How are your parents?

5. This hotel isn't very good. Why is it so expensive?

6. The children were here a few minutes ago.

7. Where was Jenny yesterday?

8. I was tired last night.

9. The weather was nice last week.

10. Why were you late this morning?

DAY 5. 진행형 (I am doing/I was doing)

Learning By Teaching: 이해하고! 가르치면서! 내 것으로!

지금 이 순간 하는 중인 일을 말할 때는 '현재진행시제'를 사용한다. '말하고 있는 지금 하고 있거나 아직 끝나지 않은 사건을 말해 준다. (지금 ~하는 중이다)

과거진행형은 그 내용의 시점이 과거로 옮겨졌다고 보면 된다. 과거의 특정한 시점에 진행 중이었던 일을 말할 때 사용한다. (그때는 ~하는 중이었다.)

★ 현재시제 vs 현재진행시제

현재시제는 반복적으로 일어나는 일이나 일반적인 사실을 나타내는 반면, 현재진행시제는 지금 말하고 있는 시점에 일어나고 있는 일을 나타낸다.

She studies English every day. (그녀는 매일 영어 공부를 한다.)
She is studying English now. (그녀는 지금 영어 공부를 하는 중이다)

1. 나는 흥미로운 책을 읽고 있어.

2. 그녀는 시험을 위해 열심히 공부하고 있어.

3. 나는 커피를 마시고 있지 않아.

4. 지금 뭐하고 있어요?

5. 가족과 즐거운 시간을 보내고 있어?

6. 제임스는 어제 정장을 입고 있었나요?

7. 전화벨이 울렸을 때 나는 샤워를 하고 있었어요.

8. 오늘 아침에 일하고 있지 않았어요.

9. 전화벨이 울렸을 때 그는 책을 읽고 있었다.

10. 내가 전화했을 때 아이스크림 먹고 있었어?

1. I'm reading an interesting book.

2. She is studying hard for her exams.

3. I'm not drinking coffee.

4. What are you doing now?

5. Are you having a good time with your family?

6. Was James wearing a suit yesterday?

7. I was taking a shower when the phone rang.

8. I wasn't working this morning.

9. He was reading a book when the phone rang.

10. Were you eating an ice cream when I called you?

DAY 6. 조동사(미래)-will,
be going to, be+ing

Learning By Teaching: 이해하고! 가르치면서! 내 것으로!

미래에 뭔가를 하겠다는 말을 할 때는 will, be going to, be +ing를 사용할 수 있다.

will '앞으로 무엇을 하겠다'는 의지 or 결심이나 계획 없이 그냥 미래에 대해 예상

be going to 그렇게 하기로 계획이나 결심을 세운 것이나 징조가 보이는 것을 말할 때

be + -ing 시간과 장소가 어느 정도 정해진 '확정된 미래'의 느낌.

(ex) 누군가가 나를 보고 "머리가 많이 길렀네요."라고 말했을 경우

그 순간 미용실에 가야겠다고 생각한 경우에는

"I will go to a beauty shop."

그날 아침 미용실에 가야겠다고 결심한 경우

"I am going to go to a beauty shop."

이미 미용실에 예약한 경우라면

"I'm going to the beauty shop."

1. 그가 오늘 밤에 우리에게 전화할 거라고 생각하세요?

2. 내일은 집에 없을 거예요.

3. 피곤해요. 오늘 밤은 일찍 자야겠어요.

4. 비가 오니까 택시를 탈게요.

5. 집을 팔 거예요?

6. 오늘 오후에 비가 올 거야.

7. 내일 결혼식 때 뭐 입을 거야?

8. 나는 내년에 일본에 갈 예정이야.

9. 우리는 다음 주말에 콘서트에 갈 예정이야.

10. 내일 뭐 할 거야?

1. Do you think he will call us tonight?

2. I won't be at home tomorrow.

3. I'm tired. I think I will go to bed early tonight.

4. It's raining, so I will take a taxi.

5. Are you going to sell your house?

6. It is going to rain this afternoon.

7. What are you going to wear to the wedding tomorrow?

8. I am going to Japan next year.

9. We are going to the concert next weekend.

10. What are you doing tomorrow?

DAY 7. 조동사 (추측) - may, must

Learning By Teaching: 이해하고! 가르치면서! 내 것으로!

어떤 상황을 추측할 때는 must와 may를 동사 앞에 사용할 수 있다.

must 나름의 근거가 있어서 확신을 가지고 '분명히 ~할 것이다'라고 추측을 하는 경우

may 어떤 근거가 없는 상황에서 단순히 '~할지도 몰라' 정도로 추측하는 경우

부정문을 만들 때는 뒤에 not을 붙이면 된다.

may not '~하지 않을지도 모른다'

must not '분명히 ~하지 않을 것이다'

추측을 할 때 may, must 외 다른 표현들도 사용할 수 있다. 강한 느낌을 가지는 must와 약한 느낌을 가지는 may를 연습한 다음, 다른 표현들도 연습해 보자.

강한 추측 must – will – should – can – may **약한 추측**

1. 오늘 오후에 비가 올지도 모른다.

2. 나는 내년에 뉴욕에 갈지도 모른다.

3. 우리에게 다른 기회가 없을지도 모른다.

4. 제니는 파티에 오지 않을지도 모른다.

5. 나는 오늘밤 가족과 함께 텔레비전을 볼지도 모른다.

6. 제임스는 틀림없이 결혼했을 거야. 그는 항상 반지를 껴.

7. 밤새 일했어요? 피곤하시겠어요!

8. 넌 하루종일 아무것도 먹지 않았잖아. 넌 틀림없이 배가 고플 거야.

9. 제임스는 매일 똑같은 옷을 입는다. 그는 옷이 많지 않은 게 분명해.

10. 그 하드웨어는 잘 작동한다. 그것은 소프트웨어 문제일 것이다.

1. It may rain this afternoon.

2. I may go to New York next year.

3. We may not have another chance.

4. Jenny may not come to the party.

5. I may watch television with my family tonight.

6. James must be married. He always wears a ring.

7. Did you work all night? You must be tired.

8. You haven't eaten anything all day. You must be hungry.

9. James wears the same clothes every day. He must not have many clothes.

10. The hardware works fine. It must be a software problem.

DAY 8. 조동사 (의무) - must, have to, should

Learning By Teaching: 이해하고! 가르치면서! 내 것으로!

have to 외부적인 상황이나 기준에 의해서 결정된 것으로, 하기 싫어도 해야 한다는 의무감을 나타낸다. must도 비슷한 느낌으로 사용할 수 있다. 그렇게 하는 것이 적절하거나 당연하므로 마땅히 해야 한다는 의무감을 나타낸다. (단 과거에 대해 말할 때는 must를 사용할 수 없다. 이때는 had to를 사용한다)

should는 '(내 생각에는) ~하는 게 좋을 거야, ~해야 할 거야.'라고 자신의 의견을 말할 때 사용할 수 있다.

부정형이 되면 느낌이 조금 달라진다.
must not +동사원형: '~하면 안 된다'
don't/doesn't have to + 동사원형: '~할 필요가 없다',
'~하지 않아도 된다'
should not + 동사원형: '~하지 않는 게 좋겠다.'

1. 너는 수영하는 법을 배우는 게 좋겠다.

2. 나는 네가 새 옷을 사는 게 좋다고 생각해.

3. TV를 너무 많이 보지 않는 게 좋아

4. 3개월마다 칫솔을 바꾸는 게 좋아.

5. 나는 내일 일찍 일어나야 한다.

6. 너는 그와 같은 질문에 답할 필요가 없다.

7. 열차를 몇 번 갈아타야 합니까?

8. 나는 어제 치과에 가야 했다.

9. 수영장 근처에서 뛰어서는 안 된다.

10. 너는 비행기에 타기 전에 여권을 보여줘야 해.

1. You should learn how to swim.

2. I think you should buy some new clothes.

3. You should not watch TV so much.

4. You should change your toothbrush every three months.

5. I have to get up early tomorrow.

6. You don't have to answer the question like that.

7. How many times do I have to change trains?

8. I had to go to the dentist yesterday.

9. people must not run near the pool.

10. You must show your passport before you get on the plane.

DAY 9. 조동사 (능력, 가능성) - can

Learning By Teaching: 이해하고! 가르치면서! 내 것으로!

can은 어떤 일이 일어날 가능성이 있다고 할 때 또는 어떤 일을 할 수 있는 능력이 있다고 할 때 사용할 수 있다. ('~할 수 있다' '~일 수도 있다.')

부정문: cannot(can't) + 동사원형 → ~할 수 없어'(능력), ~일 리가 없다.(가능성)

★ Can you~ 혹은 Can I~는 상대방에게 부탁을 하거나 허락을 얻을 때 사용할 수 있다. (Can I~: ~해도 될까요? / Can you~: ~해주시겠어요?)

★ 'May I'는 'Can I'보다 좀 더 공손한 느낌이 있다. 내 행동에 대해서 일방적으로 결정하지 않고 상대방의 의사를 물어보면서, 정중하게 양해나 허가를 구하는 느낌을 가진다.

1. 더운 날씨와 스트레스는 심장에 문제를 일으킬 수 있어요.

2. 너는 가수가 될 수 있어.

3. 나는 이 질문을 이해할 수 없다.

4. 그 서류 없이는 일을 시작할 수가 없어요.

5. 제임스는 다음 주 토요일에 콘서트에 갈 수 없어. 그는 일해야 하거든.

6. 전화번호 알려줄 수 있어요?

7. 여기에 서명해 주시겠어요?

8. 잠시 기다려 주시겠어요?

9. 문 좀 열어주시겠어요?

10. 이 엘리베이터는 몇 사람이나 탈 수 있습니까?

1. Hot weather and stress can cause heart problems.

2. You can be a singer.

3. I can't understand this question.

4. I can't start my work without the document.

5. James can't go to the concert next Saturday. He has to work.

6. Can I have your phone number?

7. Can I have your signature here, please?

8. Can you hold for a moment, please?

9. Can you open the door, please?

10. How many people can this elevator hold?

DAY 10. 조동사(과거) - would, could, might

Learning By Teaching: 이해하고! 가르치면서! 내 것으로!

조동사의 과거형은 각 조동사의 특징이 한 걸음 물러난 느낌을 준다. '시간'뿐 아니라 '발생 가능성'이나 '태도'도 한 걸음 뒤로 물러날 수 있다. (will→would, can→could, may→might)

★ 시간이 물러나면 과거의 사실을 말해준다.

★ 가능성이 물러나면 불확실하거나 비현실적인 일을 나타낸다.

★ 태도가 물러나면 공손하고, 조심스러운 느낌을 준다.

1. 이 의자 옮기는 것 좀 도와주시겠어요?

2. James에게 당신을 소개하고 싶어요.

3. 집에 오는 길에 간식을 사주시겠어요?

4. 당신과 잠시 머물 수 있을 것 같아요.

5. 나는 그 소음 때문에 잠을 잘 수가 없었다.

6. 주소 좀 알려 주시겠어요?

7. 호텔에 어떻게 가는지 알려주시겠어요?

8. 내일 그가 나에게 연락할지도 몰라요.

9. 내일 아침에 집에 있을지도 몰라.

10. 아마도 내일 일하러 가지 않을 것 같아.

1. Would you help me move this chair?

2. I'd like to introduce you to James.

3. Would you buy some snacks on your way home?

4. I could stay with you for a while.

5. I couldn't sleep because of the noise.

6. Could I have your address, please?

7. Could you tell me how to get to the hotel?

8. He might contact me tomorrow.

9. I might be at home tomorrow morning.

10. I might not go to work tomorrow.

DAY 11. 전치사(장소) - at, on, in

Learning By Teaching: 이해하고! 가르치면서! 내 것으로!

전치사의 기본 느낌(in, on, at)

in 안팎의 경계선이 분명하게 있는 것의 내부

on 표면과 표면의 접촉

at 점의 개념

장소를 나타내는 in, on, at

in 입체적인 것의 내부, 공간적으로 갇힌 경계 안쪽 - 국가, 방 안, 장소 등

on 대상이 평면의 위(표면)에 있다. - 표면, 거리, 교통 수단 등

at 어떤 지점을 정확히 콕 집어서 표현할 때 - 특정 지점, 장소

1. 나는 오늘 아침에 제니와 제임스를 보았다. 그들은 버스 정류장에서 기다리고 있었다.

2. 호텔에 몇 시에 도착했습니까?

3. 제임스는 당신 회사에서 오랫동안 일해왔어요.

4. 그들은 벽에 그림을 걸고 있다.

5. 내 생각에는 열쇠를 책상 위에 둔 것 같아요.

6. 길 건너편에서 버스를 타시면 됩니다.

7. 어젯밤에 우산을 식당에 두고 왔어요.

8. 제임스는 병원에 있다. 그는 지난주에 수술을 받았다.

9. 우리는 2009년부터 서울에 살고 있습니다.

10. 한국에 아는 사람 있어요?

1. I saw Jenny and James this morning. They were waiting at the bus stop.

2. What time did you arrive at the hotel?

3. James has worked at your company for a long time.

4. They're hanging a painting on the wall.

5. I think I left my keys on the desk.

6. You can get on the bus on the other side of the street.

7. I left my umbrella in the restaurant last night.

8. James is in the hospital. He had an operation last week.

9. We have lived in Seoul since 2009.

10. Do you know anyone in Korea?

DAY 12. 전치사(시간) - at, on, in

Learning By Teaching: 이해하고! 가르치면서! 내 것으로!

전치사의 기본 느낌(in, on, at)

in   안팎의 경계선이 분명하게 있는 것의 내부

on   표면과 표면의 접촉

at   점의 개념

시간을 나타내는 in, on, at

in   월(달), 연도, 세기, 계절, 오전, 오후, 저녁

on   요일, 날짜, 특정한 날

at   시각, 정오, 자정 등 특정한 한 시점을 나타낼 때

1. 우리는 7시에 공항에 도착했다.

2. 올해 말에 떠날 거예요.

3. 어제 10시 30분에 뭐 하고 있었어?

4. 그는 보통 일요일에 교회에 간다.

5. 그녀는 화요일 아침에 수영하러 갈지도 모른다.

6. 주말에 주로 무엇을 하시나요?

7. 그는 9월 19일에 서울에 도착했다.

8. 은행은 오후 5시에 문을 닫습니다.

9. 나는 2007년도에 고등학교를 졸업했다.

10. 나는 항상 저녁에 피곤함을 느낀다.

1. We arrived at the airport at 7:00.

2. I'm leaving at the end of this year.

3. What were you doing at 10:30 yesterday?

4. He usually goes to church on Sundays.

5. She may go swimming on Tuesday morning.

6. What do you usually do on weekends?

7. He arrived in Seoul on September 19.

8. The bank closes at 5:00 in the afternoon.

9. I graduated from high school in 2007.

10. I always feel tired in the evening.

DAY 13. 전치사(위치)

Learning By Teaching: 이해하고! 가르치면서! 내 것으로!

next to	나란히 옆에 있을 때
in front of	~앞에 있을 때
behind	~뒤에 있을 때
between	둘 사이에 위치한 경우
among	셋 이상 사이나 중간

across from	서로 마주 보고 있는 경우
around	뭔가의 주위를 둘러싸고 있는 경우
over	~위에 (표면과 접촉하지 않음)
under	~의 아래에 (표면과 접촉하지 않음)
above	기준보다 위에 있는 점의 이미지

매일 1시간 쓱 보면 툭 나오는 영어 공부법

1. 사장님 옆에는 앉고 싶지 않아요.

2. 서점 앞에 서 있는 저 남자 누구야?

3. 그는 오늘 30분 늦었다.

4. 그들은 서로 마주보고 앉아 있다.

5. 은행은 서점과 슈퍼마켓 사이에 있다.

6. 나는 그 사람들 중에서 오직 한 사람만 뽑아야 했다.

7. 사람들이 그 인기 영화배우의 주위로 모여들었다.

8. 그는 차를 몰고 다리를 넘어갔다.

9. 코트 밑에 정장을 입고 있어요.

10. 비행기가 구름 위를 날고 있다.

1. I don't want to sit next to my boss.

2. Who's that guy standing in front of the bookstore?

3. He is half an hour behind today.

4. They're sitting across from each other.

5. The bank is between the bookstore and the supermarket.

6. I had to choose only one person among those people.

7. People gathered around the movie star.

8. He drove over the bridge.

9. I'm wearing a suit under my coat.

10. The plane is flying above the clouds.

DAY 14. 전치사(방향)

Learning By Teaching: 이해하고! 가르치면서! 내 것으로!

to	이동하는 방향, from 이동의 출발 지점
into	공간의 바깥에서 안쪽으로 이동하여 들어올 때
out of	안에서 바깥으로 나갈 때
up	위로 가는 움직임
down	아래로 가는 움직임
around	뭔가의 주위를 둘러싸고 있는 경우
through	통과해서 지나갈 때
along	길을 따라서 갈 때
across	가로질러 갈 때
pass	옆을 지나쳐 갈 때

매일 1시간 쓱 보면 툭 나오는 영어 공부법

1. 여기서 공원까지 얼마쯤 걸려요?

2. 그는 강으로 뛰어들었다.

3. 그 건물에서 최대한 빨리 나가!

4. 그녀는 매우 천천히 계단을 올라갔다.

5. 조심해! 계단에서 떨어지지 마세요.

6. 그 우체국은 모퉁이를 돌면 바로 있어요.

7. 우리는 숲속을 통과해서 지나갔다.

8. 나는 길을 따라 걷고 있었다.

9. 우리는 휴가 때 자동차로 국토를 횡단했다.

10. 내 생각엔 영화관을 지나쳐 걸어온 것 같아요.

1. How long does it take from here to the park?

2. He jumped into the river.

3. Get out of the building as soon as possible!

4. She went up the stairs very slowly.

5. Be careful! Don't fall down the stairs.

6. The post office is just around the corner.

7. We walked through the forest.

8. I was walking along the street.

9. We drove across the country on vacation.

10. I think I walked past the movie theater.

DAY 15. 전치사(기타)

Learning By Teaching: 이해하고! 가르치면서! 내 것으로!

with   ~와 함께, ~와 더불어 (동반의 의미, 도구)

without   ~없이, ~없는

of   ~의 (about이 주변을 말한다면 of 는 그 자체에 보다 초점을 둔다.)

전치사는 명사 앞에 붙어서 시간이나 장소 등을 표시해주는 역할을 한다.

전치사가 가지는 이미지를 생각하면서 많이 사용해 보는 것이 중요하다.

1. 정원이 있는 집에서 살고 싶어요.

2. 넌 이 열쇠로 문을 열 수 있어.

3. 당신은 안경을 쓴 저 소녀를 아나요?

4. 나는 항상 친구들과 어울려 논다.

5. 난 너 없이 살고 싶지 않아.

6. 왜 너는 항상 나 없이 모든 것을 계획하니?

7. 투자에 대해 아는 거 있어?

8. 우리 좋아하는 운동에 대해서 말해보자.

9. 한국 사람에 대해 어떻게 생각해?

10. 그는 새 차를 살까 생각 중이야.

1. I want to live in a house with a garden.

2. You can open the door with this key.

3. Do you know that girl with a glasses?

4. I hang out with my friends all the time.

5. I don't want to live without you.

6. Why do you always plan everything without me?

7. Do you know anything about investing?

8. Let's talk about our favorite sport.

9. What do you think of Korean people?

10. He is thinking of buying a new car.

DAY 16. 접속사 (and, but, or, so, because)

Learning By Teaching: 이해하고! 가르치면서! 내 것으로!

접속사는 문장과 문장, 혹은 단어와 단어를 연결해 주는 역할을 한다. 이제까지 배운 문장을 접속사를 사용해서 연결해 보는 연습을 해 보자.

and	(그리고) 여러 개의 단어나 문장을 이어줄 때
but	(하지만, 그러나) 앞 문장과 상반된 내용이 이어질 때
or	(또는, 아니면) 앞서 나온 내용 외에 다른 선택 사항을 말해줄 때
so	(그래서) 앞 문장의 내용이 원인이 되어 일어난 결과를 말해줄 때
because	(왜냐하면) 이유를 말할 때

★ and, but, or 뒤에서 반복되는 내용은 생략하고 말할 수 있다. 이때 콤마(,)는 사용하지 않는다.

★ because는 문장이 가장 앞에 올 수도 있다. 이때, 뒤에 콤마(,)를 사용해야 한다.

★ because of도 이유를 말할 때 사용할 수 있다. because 다음에는 문장이 오지만, because of 뒤에는 명사가 온다.

1. 핸드폰을 팔고 새 휴대폰을 살 거예요.

2. 나는 햄버거와 콜라, 감자튀김을 먹었다.

3. 제니는 중국어를 하지만 일본어는 하지 못한다.

4. 나는 캐나다에 가본 적이 없지만 내 여동생은 그곳에 두 번 가본 적이 있다.

5. 주말에는 보통 일을 하지 않지만, 지난 토요일에는 일을 해야 했어요.

6. 카메라가 없어서 사진을 찍을 수 없어요.

7. 어제 몸이 안 좋아서 일찍 퇴근했어요.

8. 제니는 이미 숙제를 끝냈기 때문에 TV를 볼 수 있다.

9. 난 마음이 바뀌었어. 왜냐하면 그 색깔이 마음에 들지 않거든.

10. 저는 선생님이나 작가가 되고 싶어요.

1. I'm going to sell my cell phone and buy a new one.

2. I ate a hamburger, a coke and some French fries.

3. Jenny speaks Chinese, but she doesn't speak Japanese.

4. I have never been to Canada, but My sister has been there twice.

5. I don't usually work on weekends, but I had to work last Saturday.

6. I don't have my camera, so I can't take any pictures.

7. I wasn't feeling well yesterday, so I left work early.

8. Jenny can watch TV because she has already done her homework.

9. I changed my mind because I don't like the color.

10. I want to be a teacher or a writer.

DAY 17. 부사 (-ly)

Learning By Teaching: 이해하고! 가르치면서! 내 것으로!

부사란 명사 이외의 대상을 꾸며주는 표현이다. (동사, 문장 전체) 부사를 사용하면 동사가 '어떻게' 작용하는지 정보를 추가해 줄 수 있다. 문장 앞 뒤에 사용해서 문장 전체를 꾸며줄 수도 있다. 부사는 일반적으로 형용사 끝에 -ly를 붙여서 만들 수 있다. (불규칙적으로 변하는 부사도 있다.)

★ 이제까지 연습한 (주어+동사+목적어) 문장 구조 순서 사이에 부사를 넣어보자.

(ex) "I washed my face. (나는 세수를 했다.)" + quickly(빠르게)
→ "I quickly washed my face. (나는 얼른 세수를 했다.)"

1. 좀 더 천천히 말씀해 주시겠어요?

2. 우리는 오랫동안 기다려야 했지만 끈기 있게 기다렸다.

3. 나는 수술 후 식욕을 완전히 잃었다.

4. 어떻게 그렇게 빨리 마셨죠?

5. 흥미롭게도, 그녀는 전에 결코 중국에 가본 적도 없다.

6. 놀랍게도, 그는 그들의 이름 모두를 기억했습니다!

7. 내 생각에는 넌 좀 더 조심히 운전해야 해.

8. 정말 미안해. 당신을 겁줄 생각은 아니었어요.

9. 최근에 밤하늘을 본 적 있으세요?

10. 당신은 아주 조용히 말하고 있어요. 안 들려요.

영어

1. Can you speak a little more slowly?

2. We had to wait for a long time, but we waited patiently.

3. I have completely lost my appetite since the operation.

4. How did you drink so quickly?

5. Interestingly, she has never been to China before.

6. Surprisingly, he remembered all their names!

7. I think you should drive more carefully.

8. I'm terribly sorry. I didn't mean to scare you.

9. Have you seen the night sky lately?

10. You are speaking very quietly. I can't hear you.

DAY 18. to 부정사 (to V)

Learning By Teaching: 이해하고! 가르치면서! 내 것으로!

우리말에서는 동사의 미래를 만들 때, 동사에 - ㄹ을 붙인다. 영어 동사의 미래는 to로 표현할 수 있다. (앞으로 하게 될, 앞으로 있을) 이렇게 '주어 + 동사'의 기본구조에 동사가 추가되는 경우 to라는 접착제를 사용한다.

★ '동사 + 목적어 + to부정사' (내가 아는 다른 누구가 ~를 했으면 좋겠다고 말할 때)

I want to go to the party. (나는 그 파티에 가기를 원해요.)

I want you to go to the party. (나는 당신이 그 파티에 가기를 원해요.)

1. 오늘 밤에 영화 보러 가고 싶어요.

2. 일요일에 저희랑 저녁 드실래요?

3. 당신이 제 결혼식에 와주기를 원해요.

4. 외출하기 전에 에어컨을 끄는 것을 잊지 마세요.

5. 여기서 공항까지 얼마나 걸리나요?

6. 그는 이번 주말에 우리와 함께 지내러 올 거야.

7. 나는 책을 읽을 충분한 시간이 없다.

8. 이 호텔에 숙박하는 데 얼마입니까?

9. 나는 음식을 좀 사려고 슈퍼마켓에 갔다.

10. 서울에 묵을 곳이 필요해요. 호텔을 추천해 주시겠어요?

1. I want to go to the movies tonight.

2. Would you like to have dinner with us on Sunday?

3. I want you to come to my wedding.

4. Don't forget to turn off the air conditioner before you go out.

5. How long does it take to get to the airport from here?

6. He's coming to stay with us this weekend.

7. I don't have enough time to read a book.

8. How much is it to stay at this hotel?

9. I went to the supermarket to buy some food.

10. I need somewhere to stay in Seoul. Can you recommend a hotel?

DAY 19. 비교급, 최상급, as~as

Learning By Teaching: 이해하고! 가르치면서! 내 것으로!

동급: (~만큼 ~한) as 형용사 as

비교급: (~보다 더 ~한) 형용사 + -er + than / more + 긴 형용사

최상급: (~중에서 가장 ~하다) the + 형용사 + -est /or most + 형용사

(ex) You are smart. 너는 똑똑해.

`동급` You are as smart as your big brother. 넌 너의 큰형만큼 똑똑해.

`비교급` You are smarter than me. 너는 나보다 똑똑해.

`최상급` You are the smartest person in the world.

넌 세상에서 가장 똑똑해.

1. 네 눈은 하늘만큼 푸르다.
2. 그는 동료들만큼 열심히 일하지 않아요.
3. 가능한 한 빨리 전화해 주세요.
4. 넌 내가 생각했던 것만큼 이기적이지 않아.
5. 그들은 우리가 생각하는 것보다 똑똑하다!
6. 내 휴대폰이 네 것보다 더 비싸.
7. 그녀가 사진보다 더 나았어?
8. 내 인생에서 가장 행복한 순간이야.
9. 지금까지 사 본 것 중에 가장 비싼 게 뭐야?
10. 넌 세상에서 가장 중요한 사람이야.

1. Your eyes are as blue as the sky.
2. He doesn't work as hard as his coworkers.
3. Please call me back as soon as possible.
4. You're not as selfish as I thought.
5. They are smarter than we think!
6. My cell phone is more expensive than yours.
7. Was she prettier in person?
8. It's the happiest moment of my life.
9. What is the most expensive thing you've ever bought?
10. You are the most important person in the world.

DAY 20. 관계대명사 (who, which, that)

Learning By Teaching: 이해하고! 가르치면서! 내 것으로!

어떤 사람이나 물건을 조금 더 자세하게 설명해 줄 때 관계대명사를 사용할 수 있다. 사람에 대해 설명하는 경우 who/that, 사물에 대해 설명하는 경우 which/that를 사용한다. (관계대명사 that은 사람과 사물에 모두 사용할 수 있다.)

★ 주격 관계대명사: 꾸며주는 단어가 관계대명사의 주어가 되는 경우

★ 목적격 관계대명사: 꾸며주는 단어가 관계대명사의 문장에서 목적어가 되는 경우 (목적격 관계대명사는 생략해 줄 수 있다. 주격 관계대명사는 생략할 수 없다.)

매일 1시간 쓱 보면 툭 나오는 영어 공부법

1. 그 사무실에서 일하는 사람들은 매우 친절하다.

2. 테이블에 있던 핸드폰 봤어요?

3. 나는 어제 영어를 할 줄 아는 친구를 만났다.

4. 그녀는 그녀에게 너무 큰 코트를 입고 있었다.

5. 혹시 중고차 사고 싶어하는 사람 누구 알아요?

6. 일본에서 만난 사람들은 정말 좋았다.

7. 네가 잃어버렸다는 그 책 찾았어?

8. 내가 어제 본 영화는 매우 좋았다.

9. 나는 제니가 입고 있는 코트가 좋아.

10. 네가 준 책을 잃어버렸어.

영어

1. The people that work in the office are very nice.

2. Have you seen the cell phone that was on the table?

3. I met a friend who can speak English yesterday.

4. She was wearing a coat which was too big for her.

5. Do you know anybody who wants to buy a used car?

6. The people (who) I met in Japan were very nice.

7. Did you find the book (that) you lost?

8. The movie (which) I saw yesterday was very good.

9. I like the coat (that) Jenny is wearing.

10. I've lost the book (that) you gave me.

영어의 핵 구축 2단계
⟨200문장 Korean Mistakes⟩

한국인이 헷갈리는 20가지 영어 표현!

★ 반복횟수를 체크하세요!

1	2	3	4	5
☐	☐	☐	☐	☐

DAY 1. 빌리고 빌려줄 때
BORROW와 LEND 구분 연습

Learning By Teaching: 이해하고! 가르치면서! 내 것으로!

한국말은 '빌린다' '빌려주다' 두 단어가 크게 차이가 없다. 하지만 영어는 말하는 주체에 따라서 사용하는 표현이 달라서 헷갈릴 수 있다.

우리가 누구에게 빌린다고 할 때는 'borrow', 누구에게 빌려준다고 할 때는 'lend'라고 표현한다. 또한 borrow와 lend는 모두 돈이나 물건을 '무상'으로 빌려올 때 사용하는 말이다. 사용료를 주고 빌리거나 집세 등을 받고 세를 놓을 때는 rent를 사용한다.

1. 은행에서 돈을 좀 빌려야 해.

2. 그 책 언제든지 빌려 가도 돼.

3. 한 번에 얼마나 많은 책을 빌릴 수 있나요?

4. 그는 친구들로부터 돈을 빌리는 것을 좋아하지 않는다.

5. 난 내 친구한테 돈을 좀 빌려줬어.

6. 난 지난주에 그 여자한테 자전거를 빌려줬어.

7. 펜 하나만 빌려 주시겠어요?

8. 난 너에게 돈을 빌려주지 않았어.

9. 우리는 도시에 있는 아파트를 빌리고 싶다.

10. 이 방을 그 학생에게 빌려주고 싶어.

1. I have to borrow some money from the bank.

2. You can borrow that book any time.

3. How many books can I borrow at a time?

4. He doesn't like to borrow money from friends.

5. I lent my friend some money.

6. I lent her my bicycle last week.

7. Could you lend me a pen?

8. I didn't lend you that money.

9. We want to rent an apartment in the city.

10. I want to rent this room to the student.

DAY 2. 운동할 때 - DO, PLAY, GO 구분 연습

Learning By Teaching: 이해하고! 가르치면서! 내 것으로!

영어는 스포츠의 종류에 따라 다른 표현을 사용한다.

공으로 하는 스포츠는 play를 사용한다. 보통 축구, 야구, 테니스처럼 주로 팀을 이루거나 승패가 있는 스포츠가 여기에 포함된다. 또한 포커, 체스, 장기와 같은 게임도 play를 사용해서 표현해 줄 수 있다. 스포츠가 아닌 악기표현과 함께 사용할 수도 있는데, 이때는 the를 악기표현 앞에 붙여줘야 한다.

한 장소에서 다른 곳으로 이동하는 스포츠는 go를 사용한다. 수영, 라이딩, 스키처럼 혼자 할 수 있는 스포츠나 탁 트인 야외에서 이루어지는 여가활동이 여기에 포함된다. go를 사용하는 스포츠는 주로 'go +-ing' 형태로 표현해 준다.

한 장소에 머무르면서 하는 스포츠는 do를 사용한다. 보통 장비들이 없어도 할 수 있는 것들이 많다. 태권도나 요가 등 자기 수련과 관련된 것들이 여기에 포함된다.

1. 나는 주말에 골프를 칠 예정이다.

2. 나는 일주일에 두 번 정도 테니스를 쳐.

3. 나는 아버지와 요트를 탈 거야.

4. 나는 일이 끝난 후에 종종 수영을 해.

5. 나는 매주 목요일마다 에어로빅을 해.

6. 난 예전에 태권도를 했었어. (지금은 안 해)

7. 어제 축구 했었어?

8. 너는 얼마나 자주 테니스를 쳐?

9. 난 체스 두는 법을 몰라.

10. 요즘은 야구를 많이 하지 않지만, 예전에는 많이 했어.

1. I'm playing golf on the weekend.

2. I play tennis about twice a week.

3. I will go sailing with my father.

4. I often go swimming after work.

5. I do aerobics every Thursday.

6. I used to do Taekwondo.

7. Did you play football yesterday?

8. How often do you play tennis?

9. I don't know how to play chess.

10. I don't play baseball much these days, but I used to.

DAY 3. 친구들과 놀 때
PLAY, HANG OUT 구분 연습

Learning By Teaching: 이해하고! 가르치면서! 내 것으로!

'~와 어울려서 논다'라고 할 때 play라는 말을 사용하는 경우가 많다. 하지만 친구와 어울려 놀 때 말하는 사람의 나이에 따라서 다른 표현을 사용해 주는 것이 좋다. play는 어린아이들이 놀거나, 어린아이들과 놀아줄 때 주로 사용하는 말이다. 성인이 친구들과 어울려 놀았을 때는 주로 'hang out with'라는 표현을 사용한다. 돌아다니거나 어울려서 이야기하고, 술 마시고 노는 모든 행위에 사용할 수 있다.

아이들이 play라는 표현을 사용하면 논다는 의미이지만, 만약 성인이 to play with someone이라는 표현을 사용했다면 성적인 의미가 될 수도 있다. 그러니 성인들은 그런 말을 사용할 때 조심하는 게 좋다. 단, play는 '악기나 스포츠, 게임을 하다'라는 뜻을 가질 때는 어른들도 쓸 수도 있다.

1. 커피숍에서 친구들과 자주 어울려요.

2. 제임스와 너무 자주 어울리지 않는 게 좋아.

3. 그녀는 내가 당신과 어울리는 것을 원하지 않아요.

4. 아직도 그 사람들이랑 어울리니?

5. 때때로 친구들과 밖에서 만나고 싶지 않아?

6. 나쁜 친구들과는 어울리지 마.

7. 나는 항상 많은 친구들과 어울려서 다녀.

8. 저는 항상 여동생이랑 놀아요. (어린아이)

9. 피아노 치는 법을 배우고 싶어?

10. 저는 어렸을 때 바비 인형을 가지고 놀곤 했어요.

1. I often hang out with my friends in the coffee shop.

2. You shouldn't hang out with James too often.

3. She doesn't want me to hang out with you.

4. Do you still hang out with them?

5. Don't you want to hang out with your friends outside sometimes?

6. Don't hang out with bad friends.

7. I always hang out with many friends.

8. I play with my younger sister all the time.

9. Do you want to learn how to play the piano?

10. I used to play with Barbie dolls when I was a kid.

DAY 4. '말하다'라고 할 때
speak, talk, say, tell 구분 연습

Learning By Teaching: 이해하고! 가르치면서! 내 것으로!

speak, talk, say, tell 모두 한국어로는 '말하다'라고 해석되지만 사용되는 상황은 조금씩 다르다. 크게 나눠 본다면 say, tell 그리고 talk, speak으로 나눌 수 있다. say와 tell은 말 자체에 대한 내용을, talk와 speak는 말을 하는 행동을 나타낸다.

say는 보통 듣는 대상을 언급하지 않고 말하는 경우에 주로 사용하고, tell은 듣는 대상을 언급하는 경우에 주로 사용된다. (ex) tell someone something 누군가에게 어떤 것을 얘기해주다

talk는 서로 말을 주고 받는 행위 자체를 말한다. speak는 한쪽이 조금더 일방적으로 얘기하는 뉘앙스로, 공식적이고 진지한 느낌으로 내용을 전달하는 경우에 많이 사용된다. speak는 대게 talk로 대체할 수 있다. (ex) talk about ~에 대해서 이야기를 나누다.

1. 나는 새 집이 아름답다고 말했어.

2. 그는 환경을 보호하기 위해 열심히 노력할 것이라고 말했다.

3. 그 영화에 대해 말해 줄 수 있어요?

4. 내가 저녁 먹기 전에 간식 먹지 말라고 했잖아!

5. 걱정 마세요, 당신 비밀을 아무에게도 말하지 않을게요.

6. 이 책에 대해 이야기해 보자.

7. 우리는 나의 큰 프로젝트에 대해 이야기했다.

8. 난 네가 무슨 말을 하는 건지 모르겠어.

9. 많은 사람들 앞에서 말해야 해.

10. 몇 가지 언어를 말할 수 있어요?

1. I said that the new house is beautiful.

2. He said he will try hard to protect the environment.

3. Can you tell me about the movie?

4. I told you not to eat snacks before dinner!

5. Don't worry, I won't tell anyone your secret.

6. Let's talk about this book.

7. We talked about my big project.

8. I don't know what you're talking about.

9. I have to speak in front of many people.

10. How many languages can you speak?

DAY 5. 누군가에게 시킨다고 할 때
let, make, have 구분 연습

Learning By Teaching: 이해하고! 가르치면서! 내 것으로!

사역동사는 누군가에게 어떤 행동이나 동작을 하게 시킨다는 의미를 가진 동사이다. 대표적으로 have, let, make가 있는데, 각 표현이 가지고 있는 뉘앙스는 조금씩 다르다. (have/let/make + 사람 + 동사원형)

목적어가 뒤의 내용을 직접 할 수 있다면 동사원형을, 직접 할 수 없다면 과거분사(p.p)의 형태로 사용한다.

★ have는 부탁이나 요청하는 뉘앙스가 있어서, '~하도록 하다'라는 의미로 사용한다.

★ let은 허락의 뉘앙스가 있어서 '상대방이 하고 싶었던 일을 허가하거나 내버려둔다'는 의미로 사용한다.

★ make는 약간의 강제성이 있어서 '강제로~하게 만든다'라는 의미로 사용한다.

매일 1시간 쓱 보면 툭 나오는 영어 공부법

1. 자세한 사항은 제 조수한테 전화하라고 할게요.

2. 그녀가 나에게 방을 청소하라고 했어요.

3. 그녀는 내일 전화기를 수리할 것이다.

4. 치아 검사를 받아야겠어요.

5. 그녀의 아버지는 그녀를 파티에 못 가게 하셨어.

6. 나는 여동생에게 내 방에서 TV를 보게 했다.

7. 우리 아버지는 내가 자기 차를 운전하게 하지 않으셔.

8. 우리 부모님은 매일 나에게 설거지를 시키신다.

9. 누가 그 추한 코트를 입게 했나요?

10. 상사는 우리를 늦게까지 일하게 했다.

1. I'll have my assistant call you with the details.

2. She had me clean the room.

3. She will have her phone repaired tomorrow.

4. I should have my teeth checked.

5. Her father didn't let her go to the party.

6. I let my little sister watch TV in my room.

7. My father never lets me drive his car.

8. My parents make me wash the dishes every day.

9. Who made you wear that ugly coat?

10. My boss made us work late.

DAY 6. 관사 - a, the 구분 연습

Learning By Teaching: 이해하고! 가르치면서! 내 것으로!

우리말에는 관사가 없다. 그래서 부정관사라고 불리는 a나 an, 정관사라고 불리는 the를 구분하는 것은 한국 사람에게 쉽지 않은 일이다.

가장 먼저 a와 an은 불특정한 무언가를 말할 때 사용할 수 있다.
a student라고 하면 어떤 특정 학생을 말하는 것이 아니다. 수많은 학생 중 한 명의 학생을 말하는 것이다. (뒤에 나온 명사가 모음 a,e,i,o,u로 시작할 때는 an을 사용한다.)

the는 특정 대상을 말할 때 사용한다. the student라고 하면 이미 앞서 말했거나, 앞서 말하지 않았어도 그 상황에서 말하는 사람도, 듣는 사람도 그것이 무엇을 가리키는지 안다고 볼 수 있다.

1. 질문 하나 해도 될까요?

2. 저는 졸업 후 기자가 되고 싶어요.

3. 그녀는 아파트에 혼자 살아요?

4. 우리는 역 근처에 있는 오래된 집에 산다.

5. 그 책 좀 건네주시겠어요?

6. 우리 반 학생들은 매우 친절하다.

7. 기타 칠 수 있나요?

8. 파리에 있을 때 에펠탑에 가고 싶었어.

9. 이 책에는 유익한 정보가 많이 포함되어 있다.

10. 오늘 일찍 잠자리에 들어야 할 것 같아.

1. Can I ask you a question?

2. I want to be a journalist after graduation.

3. Does she live in an apartment alone?

4. We live in an old house near the station.

5. Can you pass me the book, please?

6. The students in my class are very friendly.

7. Can you play the guitar?

8. I wanted to go to the Eiffel Tower when I was in Paris.

9. This book contains a lot of useful information.

10. I think I should go to bed early today.

DAY 7. '모두'를 말할 때 - All, every 구분 연습

Learning By Teaching: 이해하고! 가르치면서! 내 것으로!

all과 every는 '모두'라는 의미를 더해줄 수 있다. 하지만 뒤에 복수 명사가 오는지, 단수 명사가 오는 지에 따라서 다른 표현을 사용해 주는 것이 좋다. (All + 복수명사, Every + 단수명사)

All은 큰 덩어리 하나의 개념에서 '모두'를 말한다. 그래서 하루종일 무언가를 한다고 할 때는 **all day**를 사용한다. Every는 작은 것들의 모임이라는 개념의 '모두'라고 볼 수 있다. 그래서 매일 무언가를 한다고 할 때 **every day**를 사용한다.

every는 -one, -thing, -where 등과 결합해서 사용할 수도 있다.
(ex) everyone 모든 사람, everything 모든 것, everywhere 모든 곳에, 어디나

매일 1시간 쓱 보면 툭 나오는 영어 공부법

1. 거리의 모든 집은 똑같아 보인다.

2. 우리는 매년 여름 2주 동안 휴가를 간다.

3. 나는 아시아의 모든 나라에 가봤다.

4. 호텔의 모든 방에는 에어컨이 있다.

5. 그는 밤새 머무르면서 아픈 친구를 도와주었다.

6. 작년에 해변에 갔었는데, 하루 종일 비가 왔어요.

7. 모든 사람이 항상 행복하기를 원합니다.

8. 모든 사람들은 시험 전에 긴장한다.

9. 필요한 건 다 샀어?

10. 우리 학교가 모든 곳에 CCTV를 설치할 거라는 얘기 들었니?

1. Every house on the street looks the same.

2. We go on vacation for two weeks every summer.

3. I have been to every country in Asia.

4. Every room in the hotel has an air conditioner.

5. He stayed and helped his sick friend all night.

6. We went to the beach last year, and it rained all day.

7. Everyone wants to be happy all the time.

8. Everyone feels nervous before a test.

9. Did you buy everything you need?

10. Did you hear that our school will install CCTVs everywhere?

DAY 8. '많은 것'을 말할 때
many, much, a lot of 구분 연습

Learning By Teaching: 이해하고! 가르치면서! 내 것으로!

many, much, a lot of 모두 '많다'라는 의미를 가지고 있다. 하지만 뒤에 셀 수 있는 명사가 오는지, 셀 수 있는 명사가 오는지에 따라 다른 표현을 사용해 줘야 한다.

many	+ 셀 수 있는 명사
much	+ 셀 수 없는 명사
a lot of	+ 셀 수 있는 명사/셀 수 없는 명사 (둘 다 가능)

many나 a lot of가 셀 수 있는 명사와 사용하는 경우에는 뒤에 '복수명사'가 와야 한다. 이들이 가리키는 의미가 '많다'이기 때문에 복수명사를 사용하는 게 더 자연스럽게 느껴진다.

1. 많은 사람들이 축제를 즐기기 위해 부산을 방문합니다.

2. 형제자매가 몇 명이나 있나요?

3. 파티에 많은 사람들이 올 거라고 생각하세요?

4. 걷기는 돈이 많이 들지 않아요.

5. 그들은 선물을 살 돈이 많지 않다.

6. 여러분은 가족들과 얼마나 많은 시간을 보내나요?

7. 그는 친구가 많지 않다.

8. 나는 디자인에 관한 책을 많이 읽었다.

9. 우리는 첫 시험 동안 많은 실수를 했다.

10. 당신의 질문에 답할 시간이 많이 있어요.

영어

1. Many people visit Busan to enjoy the festival.

2. How many brothers and sisters do you have?

3. Do you think many people will come to the party?

4. It doesn't cost much money to walk.

5. They don't have much money to buy a present.

6. How much time do you spend with your family?

7. He doesn't have a lot of friends.

8. I've read a lot of books about design.

9. We made a lot of mistakes during our first test.

10. I have a lot of time to answer your questions.

DAY 9. '적음'을 말할 때
little, a little, few, a few 구분 연습

Learning By Teaching: 이해하고! 가르치면서! 내 것으로!

적음을 나타낼 때 little, a little, few, a few를 사용할 수 있다. few는 셀 수 있는 명사에, little은 셀 수 없는 명사에 사용한다. 이때 few와 little 앞에 a를 붙이게 되면 그 의미가 약간 변하게 된다.

정확하게 말하면 a few(little)와 few(little)의 차이는 수나 양이 아니라 느낌의 차이이다. a few나 a little은 긍정적인 의미(조금 있음)를 나타내고, a가 없는 few와 little은 부정적인 의미(거의 없음)를 나타낸다.

→ a little, a few 조금 있는 / little, few 거의 없는

1. 커피에 우유 좀 넣어 주시겠어요?

2. 저는 영어는 조금 할 줄 알아요.

3. 그것에 대해 생각할 시간이 좀 필요해요.

4. 나가서 영화를 볼 기회가 거의 없었어요.

5. 저는 돈이 거의 없어요. 저는 외출할 여유가 정말 없어요.

6. 전 지금 몇 가지 할 일이 있어요.

7. 나는 캐나다에 가 본 적이 몇 번 있다.

8. 몇 가지 물어봐도 될까요?

9. 그녀는 의논할 친구가 거의 없다.

10. 나는 일본에 친구가 거의 없어.

1. Can I have a little milk in my coffee, please?

2. I can speak a little English.

3. I need a little time to think about it.

4. I have little opportunity to go out and see a movie.

5. I have little money. I really can't afford to go out.

6. I have a few things to do now.

7. I've been to Canada a few times.

8. Can I ask you a few questions?

9. She has few friends to consult with.

10. I have few friends in Japan.

DAY 10. 지루하거나 흥미진진할 때 ING와 ED의 구분 연습

Learning By Teaching: 이해하고! 가르치면서! 내 것으로!

형용사 뒤에 -ed와 -ing 중 어떤 것을 붙이느냐에 따라 의미가 전혀 달라진다. 사람이나 사물을 설명할 때는 형용사에 -ing을 붙이는 형태를 사용하고, 사람의 감정이나 상태를 묘사할 때는 형용사에 -ed를 붙이는 형태를 사용한다.

가끔은 형용사 + ing 형태는 사물을 묘사하거나 기분을 묘사하는 것 둘 다 사용될 수도 있다. 예를 들어서 '그 남자는 지루한 사람이다'라고 할 때는 'He is a boring person'이라고 하고, '그 남자가 지루함을 느꼈다'라고 말할 때는 'He is bored'라고 말하면 된다.

1. 심심할 때 주로 뭘 하세요?

2. 나는 조금 두렵기도 하고 동시에 신나기도 해!

3. 박물관에 갔을 때 너무 신났어요.

4. 그는 파티에서 재미있는 사람들을 좀 만났어.

5. 이 영화가 무서워서 무서워요.

6. 낚시가 너무 지루해서 나는 가고 싶지 않았어.

7. 결국, 매일 같은 것을 연습하는 것은 지루한 일입니다.

8. 여러분은 신나는 삶을 살고 싶나요, 아니면 지루한 삶을 살고 싶나요?

9. 난 그 영화 좋아하지 않았어. 그 영화는 지루했어.

10. 그 영화는 정말 지루했어. 난 끝나기 전에 나왔어.

1. What do you usually do when you are bored?

2. I'm a little bit scared and excited at the same time!

3. I was so excited when I went to the museum.

4. He met some interesting people at the party.

5. I am scared because this film is so scary.

6. I didn't want to go because fishing is so boring.

7. After all, practicing the same thing every day is boring.

8. Do you want to live an exciting life or a boring life?

9. I didn't like the movie. It was so boring.

10. The movie was really boring. I left before the end.

DAY 11. 범위를 잡을 때
some, any의 구분 연습

Learning By Teaching: 이해하고! 가르치면서! 내 것으로!

'몇 개' '얼마' '어느 정도' 등의 정해지지 않은 수나 양을 나타낼 때 some 과 any를 사용한다. 그중에서 some은 '조금'이라는 의미로 사용되며 긍정문과 잘 어울려 사용된다. any는 주로 '어느, 어떤'이라는 의미로 사용되며 부정문과 의문문과 잘 어울려 사용된다. 의문문에 some이 쓰이면 긍정의 대답을 기대하는 것이다.

뒤에 -thing, -one을 붙여서 사용되기도 한다.
something, someone = 어떤 것, 어떤 사람
anything, anyone = 어떤 것, 어떤 사람

1. 밤에 몇몇 친구들과 놀러 나갈지도 몰라요.

2. 나는 어제 퇴근 후에 가게에 갔어. 나는 음식을 좀 사야 했거든.

3. 아주 중요한 것을 말해 줄게.

4. 나는 한국에서 온 친구들이 좀 있어.

5. 차 좀 더 드릴까요?

6. 형제나 자매가 있어요?

7. 최근에는 새 책을 사지 않았어.

8. 배고프지 않아요. 아무것도 먹고 싶지 않아요.

9. 우유를 좀 샀는데, 빵은 안 샀어요.

10. 최근에 괜찮은 영화 본 거 있어요?

1. I might go out with some friends at night.

2. I went to the store after work yesterday. I had to buy some food.

3. I'm going to tell you something very important.

4. I have some friends from Korea.

5. Would you like some more tea?

6. Do you have any brothers or sisters?

7. I haven't bought any new books lately.

8. I'm not hungry. I don't want to eat anything.

9. I bought some milk, but I didn't buy any bread.

10. Have you seen any good movies lately?

DAY 12. '얼마 동안'을 말할 때
DURING과 FOR, WHILE 구분 연습

Learning By Teaching: 이해하고! 가르치면서! 내 것으로!

'얼마 동안'을 말할 때 for, during, while을 사용할 수 있다. 하지만 이 세 표현에도 약간의 차이가 있다. for은 어떤 행동이나 상황이 지속된 시간을 나타낸다. 이렇게 지속 시간을 나타내기 때문에 구체적인 시간 표현과 같이 쓰이는 경우가 많다. during은 특정 기간 동안 한 시점에 어떤 일이 있었는지를 나타낸다. during 뒤에는 특정 기간을 나타내는 명사가 온다.

what(무엇~?)에 대답이 가능한 경우 during을, how long(얼마나 오래 ~?)에 대답이 가능한 경우 for을 사용하는 것이 일반적이다.

while 뒤에는 절(주어+동사)이 오면서, 행위나 상태가 지속되는 동안을 나타낸다.

1. 낮 동안에는 잠을 30분 이상 자지 마세요.

2. 나는 방학 동안 꽤 바빴어.

3. 학생들은 수업시간에 매우 지루해 보였다.

4. 나는 주말 동안 침대에 누워있어야만 했어.

5. 하루 동안 전기차를 사용하는 것은 비싸지 않다.

6. 거센 비가 한 달 정도 우리나라를 강타했어.

7. 나는 서울에서 10년 동안 살아왔다.

8. 나는 열흘 동안 삼킬 수도, 먹을 수도, 잠 잘 수도 없었어.

9. 운전 중에는 안전벨트를 매세요.

10. 나는 책을 읽는 동안 자주 잠이 든다.

영어

1. Don't sleep for more than 30 minutes during the day.

2. I was pretty busy during the vacation.

3. The students looked very bored during the class.

4. I had to stay in bed during the weekend.

5. Using an electric car for a day is not expensive.

6. The heavy rain hit the country for about a month.

7. I've lived in Seoul for 10 years.

8. I could not swallow, eat and sleep for 10 days.

9. Fasten your seat belts while you are driving.

10. I often fall asleep while I'm reading.

DAY 13. '~후에'를 말할 때 LATER, IN, AFTER 구분 연습

Learning By Teaching: 이해하고! 가르치면서! 내 것으로!

영어에서는 '~후에'라는 말을 할 때, 사건의 순서를 말하는지 미래의 시간을 말하는 건지에 따라 다른 표현을 사용한다.

현재를 기준으로 미래에 대한 시간을 언급할 때 in을 사용한다. in 뒤에는 보통 구체적인 시간이나 기간이 나온다. 특정 시점을 기준으로 나중을 말할 때는 later를 사용한다. '~보다 더 늦었다'는 어감이기 때문에 '어떤 시점을 기준으로 시간이 흘렀음'을 나타낸다. 보통 'later' 앞에는 구체적인 시간 표현이 나온다. (ex) two weeks later

특정한 사건을 기준으로 나중을 말할 때는 after를 사용할 수 있다. 뭔가를 한 이후라는 어감 때문에 그동안 뭔가를 했다는 느낌을 준다. 그래서 after 뒤에는 시간보다는 어떠한 행사나 상황표현이 나온다.

1. 두 시간 후에 거기서 만나는 게 어때요?

2. 그 콘서트는 한 시간 후에 시작할 거야.

3. 2시간 후에 거기로 갈게.

4. 그들은 6개월 후에 런던으로 이사할 것이다.

5. 나는 지난 7월에 중국에 갔다가 한 달 후에 돌아왔어.

6. 3월에 울산에 도착해서 5일 후에 서울에 갔다.

7. 기차가 갑자기 멈췄지만 약 5분 후에 다시 운행되기 시작했다.

8. 영화 끝나고 뭐 할 거야?

9. 방과 후에 반 친구들과 함께 공원에 갔어.

10. 그들은 설거지를 한 후 TV를 보았다.

1. Why don't you meet me there in two hours?

2. The concert will start in an hour.

3. I will be there in 2 hours.

4. They will move to London in 6 months.

5. I went to China last July and came back a month later.

6. I arrived in Ulsan in March, and then I went to Seoul five days later.

7. The train suddenly stopped, but it started again about five minutes later.

8. What are you going to do after the movie?

9. I went to a park with my classmates after school.

10. They watched TV after washing the dishes.

DAY 14. 걸을 때 - ON FOOT 문장 연습

Learning By Teaching: 이해하고! 가르치면서! 내 것으로!

영어는 걸어가는지, 차량을 이용해서 가는지에 따라 다른 전치사를 사용한다.

보통 어떤 교통수단을 이용해서 어딘가로 간다고 할 때는 by로 표현한다. 이때, car나 bus 등 교통수단을 나타내는 명사에는 관사를 붙이지 않아도 된다. (ex) by bus, by subway, by train, by car

하지만 사람이 걸어서 어디론가 간다는 말을 할 때는 전치사 on을 사용한다. 그래서 '걸어서 간다.'라고 말할 때는 'by foot, by walk'이 아니라 'on foot'이라고 말해야 한다.

매일 1시간 쓱 보면 툭 나오는 영어 공부법

1. 넌 걸어서 학교 가니? 아니면 자전거 타고 가니?

2. 아침에 걸어서 학교에 가요.

3. 우리는 서울에서 부산까지 기차로 여행했다.

4. 우리는 영화가 끝나고 걸어서 시내에 갔다.

5. 여기서 걸어서 얼마나 걸립니까?

6. 그곳은 택시로 10분이면 갈 수 있어요.

7. 거기에 지하철로 가는 법을 알려드릴게요.

8. 나는 버스를 타고 백화점에 갔다.

9. 난 택시를 타고 공항에 갈 거야.

10. 버스로 거기 가려면 최소한 20분은 걸려요.

영어

1. Do you go to school on foot or by bicycle?

2. I go to school on foot in the morning.

3. We traveled from Seoul to Busan by train.

4. We went downtown on foot after the movie.

5. How long does it take from here on foot?

6. You can get there in 10 minutes by taxi.

7. I'll show you how to get there by subway.

8. I went to the department store by bus.

9. I'm going to the airport by taxi.

10. It takes at least 20 minutes to get there by bus.

DAY 15. '~까지'를 나타낼 때 by, until 구분 연습

Learning By Teaching: 이해하고! 가르치면서! 내 것으로!

by와 until은 둘 다 '~까지'라는 의미로 알고 있다. 하지만 좀 더 자세히 말하면 by는 '~까지 늦지 않게', until은 '~까지 계속해서'라는 의미로 사용된다.

until은 어느 시점까지 뭔가가 지속되는 의미를 나타내며 특정 시간까지 계속되는 행위의 동사와 함께 주로 사용된다. by는 기한을 나타내는 표현으로 특정 시점 전에 완료되는 느낌의 동사와 함께 사용된다.

1. 너는 숙제를 9시까지 끝내야 한다.

2. 그녀는 런던에 있어. 토요일까지는 돌아올 거야.

3. 9월 19일까지 세금을 내야 하나요?

4. 8월까지 끝낼 필요는 없어요.

5. 그 서류는 금요일까지 보내드리겠습니다.

6. 내일까지 기다릴 수 없어요.

7. 비가 그칠 때까지 밖에 나가지 않을 거예요.

8. 나는 오늘 아침에 피곤해서 10시까지 침대에 있었어.

9. 나는 2010년까지 작은 아파트에서 살았어.

10. 나는 보통 7시에 일을 끝내지만, 때로는 8시까지 일한다.

1. You have to finish your homework by nine.

2. She is in London. She'll be back by Saturday.

3. Do I have to pay my taxes by September 19th?

4. You don't have to finish by August.

5. I will send you the document by Friday.

6. I can't wait until tomorrow.

7. I'm not going out until it stops raining.

8. I was tired this morning, so I stayed in bed until 10:00

9. I lived in a small apartment until 2010.

10. I usually finish my work at 7:00, but sometimes I work until 8:00.

DAY 16. '시간'을 말할 때
on time과 in time 구분 연습

Learning By Teaching: 이해하고! 가르치면서! 내 것으로!

on time과 in time은 모양이 비슷하기 때문에 헷갈리기 쉽다. 하지만 전치사 in과 on의 느낌 차이를 생각해보면 조금 더 쉽게 구분할 수 있다.

on은 '(접촉해서)~위에'라는 의미를 가지고 있다. 시곗바늘이 약속한시간 바로 위에 있는 모습을 상상하면 된다. 그래서 on time은 '정시에, 시간에 딱 맞추는'이라는 의미가 있다.

in은 '경계선이 있는 것의 내부(~안에)'라는 의미가 있다. 약속된 시간 내에 오는 모습으로 아직 시간이 남아 있다고 볼 수 있다. 그래서 in time은 '늦지 않게' ' 제 시간 안에'라는 의미가 있다. Just in time은 '겨우 시간에 맞춰' '가까스로' 라는 뜻이다.

1. 그는 항상 제시간에 와요.

2. 급행열차는 런던에서 정시에 출발했다.

3. 버스를 놓쳐서 정각에 올 수가 없었어.

4. 바로 그 시각에 도착할게

5. 그가 제시간에 올 거라고 생각하니?

6. 저녁 먹으러 늦지 않게 집에 올 거지?

7. 나는 오늘 아침 비행기를 놓칠 뻔했다. 겨우 제 시간에 맞춰 공항에 도착했다.

8. 우리는 일찍 집을 나서 비행기를 타기 위해 제시간에 도착했다.

9. 제니 생일인 걸 잊을 뻔했다. 다행히도, 나는 제 시간에 기억했다.

10. 축구 경기를 볼 시간에 맞춰 집에 왔어.

1. He is always on time.

2. The express train started in London on time.

3. I couldn't arrive on time because I missed the bus.

4. I'll be there right on time.

5. Do you think he will come on time?

6. Will you be home in time for dinner?

7. I nearly missed my flight this morning. I got to the airport just in time.

8. We left home early and arrived on time to catch our flight.

9. I nearly forgot that it was Jenny's birthday. Fortunately, I remembered in time.

10. I got home in time to see the football match.

DAY 17. 등산할 때
CLIMBING과 HIKING 구분 연습

Learning By Teaching: 이해하고! 가르치면서! 내 것으로!

등산한다는 말을 할 때는 간단한 산행을 하는 건지, 전문적인 산행을 하는 건지에 따라 다른 표현을 사용한다.

많은 훈련을 받고 안전한 장비를 갖춰서 하는 전문적인 등산이나, 벽이나 사다리와 같이 위험한 것을 오를 때는 climb (mountain climbing)을 사용한다.

반면 시골길을 거닐거나 간단한 산행을 하는 경우에는 go hiking을 사용하는 것이 자연스럽다. 주말에 가족과 함께 가볍게 산길을 걷거나 간편한 복장으로 산에 오르는 것을 표현할 수 있다.

1. 난 우리 아기를 데리고 하이킹하러 갔다.

2. 스트레스를 풀기 위해 하이킹을 가요.

3. 우리는 이번 주말에 (가벼운) 등산 갈 건데, 같이 갈래요?

4. 우리는 주말마다 하이킹을 가곤 했었어.

5. 나는 매일 아침 조깅을 하고 일주일에 한 번 (가벼운) 등산을 해.

6. 우리는 도보여행을 하고 아름다운 풍경을 즐길 거야.

7. 여러분은 내가 산을 오르기에 너무 나이가 많다고 생각할 수도 있어요.

8. 당신은 왜 산을 오르나요?

9. 혼자서는 등산할 수 없어.

10. 정말 취미로 등반을 하는 거야?

1. I went hiking with my baby.

2. I go hiking to relieve my stress.

3. We're going hiking this weekend, would you like to come?

4. We used to go hiking every weekend.

5. I jog every morning and go hiking once a week.

6. We will go hiking and enjoy the beautiful scenery.

7. You might think I'm too old to climb mountains.

8. Why do you climb mountains?

9. You can't go mountain climbing by yourself.

10. Do you really go mountain climbing as your hobby?

DAY 18. 사고 났을 때
ACCIDENT와 INCIDENT 구분 연습

Learning By Teaching: 이해하고! 가르치면서! 내 것으로!

영어는 의도한 사고인지, 의도하지 않은 사고인지에 따라 다른 표현을 사용한다.

고의나 악의가 없이 우연히 일어난 사고에는 accident를 사용한다. 보통 교통사고나 재난과 같은 예상치 못한 사건을 표현한다. (부정적인 느낌)

incident는 accident보다 좀 더 포괄적인 의미의 '사건, 사고' 담고 있는데, 폭력적이나 위험한 사건이나 일상의 작은, 소소한 사건들을 가리킬 때 주로 사용된다. 그래서 의도한 사고는 incident를 사용하는 것이 더 자연스럽다.

매일 1시간 쓱 보면 툭 나오는 영어 공부법

1. 난 그 사고에 대해서 경찰에게 말해야만 했어.

2. 난 지난밤에 TV에서 많은 수의 영국 훌리건들을 봤어. 그건 끔찍한 사고였어.

3. 그 사건이 정확히 언제 발생했나요?

4. 그는 사건을 자세히 설명했다.

5. 이 일은 결코 잊지 못할 것이다.

6. 그의 부주의한 운전 때문에 그 사고가 났다.

7. 교통사고로 아내를 잃었어요.

8. 당신의 교통사고가 기억나세요?

9. 사고 후에 몸은 어때?

10. 어떻게 교통사고가 났습니까?

1. I had to tell about the incident to the police.

2. I saw many English hooligans on TV last night. It was a horrible incident.

3. When exactly did the incident occur?

4. He described the incident in detail.

5. I'll never forget this incident.

6. His careless driving caused the accident.

7. I lost my wife in the traffic accident.

8. Do you remember your car accident?

9. How do you feel after your accident?

10. How did the traffic accident happen?

DAY 19. 병원 갈 때
DOCTOR'S와 HOSPITAL 구분 연습

Learning By Teaching: 이해하고! 가르치면서! 내 것으로!

영어는 가벼운 질병인지 심각한 질병인지에 따라 다른 표현을 사용한다.

감기와 같은 가벼운 질병으로 치료를 받으러 갈 때는 'see a doctor'라고 말한다. 그 병이 심각한 것으로 판명되면 의사가 병원(hospital)으로 보내게 된다. hospital은 그들이 심각한 부상이나 질병을 가지고 있을 경우나 수술이 필요할 때 가는 곳을 말한다.

원어민들에게 hospital에 간다고 말하면, 심각한 부상이나 질병이 걸린 것으로 오해할 수도 있으니 조심하자.

1. 나 감기에 걸려서 병원에 가야 해.

2. 넌 지금 즉시 병원에 가보는 게 좋겠어.

3. 열이 있어요? 병원에 가보는 게 어때요?

4. 진찰 받으려면 얼마나 오래 기다려야 하나요?

5. 병원 가는 걸 주저하지 마.

6. 난 한동안 병원에 가지 않았어.

7. 병원에 안 가도 돼요.

8. 그는 수술받으러 병원에 갔다.

9. 그는 다리가 부러져서 병원에 갔다.

10. 그녀는 자신의 딸이 병원에 가도록 설득했다

1. I have a cold, so I have to see a doctor.

2. You should see a doctor immediately.

3. Do you have a fever? Why don't you see a doctor?

4. How long do I have to wait to see a doctor?

5. Don't hesitate to see a doctor.

6. I haven't seen a doctor for a while.

7. You don't have to go to the hospital.

8. He went to the hospital to have an operation.

9. He went to the hospital because he broke his leg.

10. She persuaded her daughter to go to the hospital.

DAY 20. '집'을 말할 때
house, home 구분 연습

Learning By Teaching: 이해하고! 가르치면서! 내 것으로!

다른 사람들에게 내가 살고있는 집을 설명할 때는 보통 house을 사용한다. house가 보통 건물 자체를 의미하기 때문이다. 반면 home은 사적, 정서적, 애정이 깃든 곳을 말한다. 그래서 home이 반드시 건물을 의미하지는 않는다. 캠핑카나 공원, 혹은 추상적 공간도 home으로 표현할 수 있다. 어떤 곳이든 나의 보금자리라고 생각하는 곳을 home이라고 할 수 있다.

home은 my house와 같은 의미이다. 그래서 home 앞에 my를 굳이 사용하지 않아도 된다. 또한 go와 home이 동시에 사용될 때는 전치사 to를 사용하지 않는다. 그래서 집에 간다는 말을 할 때 'go home'이라고 표현해주면 된다.

1. 나는 집을 살 형편이 안 된다.

2. 나는 서울에 집을 한 채 가지고 있다.

3. 우리는 제니의 집에 있을 거야.

4. 그는 내년에 집을 사고 싶어한다.

5. 늦었어요. 이제 집에 가야 해요.

6. 지금 집에 가고 있어요. 정말 피곤해요.

7. 콘서트 끝나고 집에 갈 거예요?

8. 오늘 저녁에 집에 있을 거예요.

9. 어젯밤에는 왜 집에 일찍 갔어?

10. 지금 그녀에게 전화하지 그래요? 그녀는 집에 있는 것 같아요.

1. I can't afford to buy a house.

2. I have(own) a house in Seoul.

3. We'll be at the Jenny's house.

4. He wants to buy a house next year.

5. It's late. I have to go home now.

6. I'm going home now. I'm really tired.

7. Are you going home after the concert?

8. I'm staying at home this evening.

9. Why did you go home early last night?

10. Why don't you call her now? I think she's at home.

해외에 나가지 않고도
영어로 말하기가 된다

'자기 소개를 하고 나서 말이 막혀서 뭐라고 말해야 할지 모르겠어요.'

'말은 걸고 싶은데 어떤 말을 해야 할지 떠오르지 않아요.'

많은 한국 사람들이 외국인을 만날 때 공통적으로 겪는 증상이다. 심지어는 식사 시간에 흐르는 어색한 침묵 때문에 체했다는 분도 있다. 우리는 언제까지 이런 답답함을 겪어야 할까?

이러한 증상에서 벗어나기 위해서는 '영어로 말하는 연습'이 반드시 필요하다. 물론 이런 말을 하면 '지금 당장은 힘들 것 같은데… 나중에 영어를 잘 하면, 그때부터 영어 말하기 연습을 하면 안 될까요?'라고 묻는 분도 있다. 못 하기 때문에 연습이 필요한 것이다. 잘 해야 한다는 마음은 버리고 한 번 시도해보자. 시간이 지날수록 조금씩 자연스러워지는 스스로를 확인하게 될 것이다.

3개월 동안 '500문장 연습' 과정을 거친다면 단단한 기본기 input를 만들 수 있다. 쉬운 말로 하면 내 몸속에 영어로 말할 수 있는 충분한

input을 쌓은 것이다. 하지만 input만 계속 쌓는다고 해서 영어 말하기가 바로 되는 것은 아니다. 특히 평소에 영어로 말할 기회가 전혀 없는 사람은 output 연습을 꼭 병행해야 한다.

　보통 한국인은 단도직입적으로 말하는 편이다. 특히 영어 실력이 부족하다고 생각하는 사람은 서둘러서 본론을 말하고 끝내려고 한다. 하지만 영어권 사람들은 스몰 토크를 통해서 자신을 알리고 상대방에 대한 정보를 구하는 특징이 있다. 때문에 다양한 주제를 갖고 말하기 연습을 하는 것이 도움이 된다.

　아래에 가족, 음식, 날씨, 영화 등 20개의 토픽에 맞춰 활용할 수 있는 질문 200개를 준비했다. 마음에 드는 주제를 잡고 질문을 하고 답변하는 연습을 해보자. 질문에 대한 답변은 스스로 만들어 가면 된다. 완벽하지 않아도 괜찮으니 계속해서 입으로 말해보는 시도를 해보자. 배웠던 500문장을 최대한 활용해서 쉽고 간단하게 말하면 된다.

　실제로 영어 스터디를 하거나 영어 학원을 다녀 본 사람은 이런 질문의 필요성을 더 느낄 텐데, 대화를 잘 이끌어나가기 위해서는 다양한 '질문'이 꼭 필요하기 때문이다. 유명한 토크쇼를 보면서 MC의 질문에 답해보는 것도 좋은 연습 방법이다. 다음 질문들을 보며 혼자서 셀프 스피킹을 해보고, 가능하다면 친구들과 서로 주고받으면서 대화를 해보는 것도 추천한다.

학습방법 TIP

1) 스마트폰 알람 어플을 활용해서 타이머를 지정한다. (3분→5분→10분 순서대로 시간을 늘려 보자.)
2) 해당 시간 내에서, 주어진 질문에 답변을 해 본다. 말을 잘 못하거나 틀려도 괜찮다는 마음을 가지는 것이 중요하다. 어린아이가 말을 연습하는 단계라고 생각하고 최대한 많이 말을 해본다.

영어 말하기를 도와줄
200개의 질문

🔊 DAY 1 YOU

1. **What's your name?**

   이름이 뭔가요?

2. **Where do you live?**

   어디에 사세요?

3. **What languages can you speak?**

   어떤 언어를 쓸 줄 아세요?

4. **What's your job? What do you do?**

   무슨 일 하세요?

5. **What are your hobbies?**

   취미는 뭔가요?

6. **What do you do in your spare time?**

   여가 시간에는 무엇을 하나요?

7. **What's your favorite color?**

   좋아하는 색은 뭔가요?

8. **What are your strengths and weaknesses?**

   여러분의 장점과 단점은 무엇인가요?

9. **Do you like living in this city? Why (not)?**

   이 도시에서 사는 것을 좋아하세요? 이유는요?

10. **Do you enjoy your work? Why (not)?**

   하고 있는 일을 좋아하세요? 이유는요?

매일 1시간 쓱 보면 툭 나오는 영어 공부법

◀◎ DAY 2 English

1. When do you use English?

   언제 영어를 사용하나요?

2. Why do you need English?

   왜 영어가 필요한가요?

3. Who do you speak English with or to?

   누구와 영어로 대화하나요?

4. Where do you speak English?

   어디에서 영어를 말하나요?

5. How long have you been learning English?

   얼마나 오랫동안 영어를 배웠나요?

6. Why do you think English is important?

   영어는 왜 중요하다고 생각하나요?

7. Is English difficult?

   영어가 어렵나요?

8. What is the best way to learn English?

   영어를 배우는 가장 좋은 방법은 무엇인가요?

9. Why is learning English so important in Korea?

   한국에서는 영어를 배우는 것이 왜 중요한가요?

10. Have you considered studying in an English speaking country? Why(not)?

    영어권 국가에서 공부하는 것을 고려해본 적이 있나요? 이유는요?

1. What is the capital city of Korea?

   한국의 수도는 어디인가요?

2. Is Korea cheap?

   한국은 물가가 싼가요?

3. What is the name of the river in Seoul?

   서울에 있는 강의 이름은 무엇이죠?

4. Is Korean difficult to learn?

   한국어는 배우기 어렵나요?

5. Who is the most famous person from Korea?

   한국인 중 가장 유명한 사람은 누구인가요?

6. What are the best places to visit in Seoul?

   서울에서 가장 가볼 만한 장소는 어디죠?

7. What do Koreans like to do on the weekend?

   한국인은 보통 주말을 어떻게 보내나요?

8. Who is the most important person in a Korean family?

   한국의 가정에서 가장 중요한 사람은 누구죠?

9. Are men and women equal in Korea? Why (not)?

   한국에서 남성과 여성은 평등한가요? 이유는요?

10. How often do you wear Korean traditional clothes?
    When? Where? Why?

    얼마나 자주 한복을 입나요?

◀) DAY 4 Family

1. Do you have any brothers or sisters?

   남자 형제나 여자 형제가 있나요?

2. Can you describe your family?

   가족에 대해 이야기해 주세요.

3. What do you do with your family?

   가족과 어떤 활동을 하시나요?

4. How much time do you spend with your family?

   가족과 얼마나 많은 시간을 보내나요?

5. What role do grandparents play in your family?

   여러분 가정에서 조부모님은 어떤 역할을 하시나요?

6. When is the best time to get married? Why?

   결혼 적령기는 언제죠? 이유는요?

7. When is the best time to have children? Why?

   아이를 가질 가장 좋은 시기는 언제인가요? 이유는요?

8. Is having a child important in Korea? Why (not)?

   한국에서 아이를 갖는 것은 중요한가요? 이유는요?

9. What's the birth rate in Korea?

   한국의 출생률은 어떻게 되죠?

10. What rules did(do) your parents have for you?

    부모님은 여러분에게 어떤 규칙을 정해 주셨나요?

1. What do you do? (What's your job?)
직업이 무엇인가요?

2. Do you like your job? Why (not)?
여러분의 직업을 좋아하나요? 이유는요?

3. Where do you work?
직장은 어디인가요?

4. How do you get to work?
출퇴근은 어떻게 하나요?

5. What do you wear to work?
일할 때는 어떤 옷을 입나요?

6. What do you like about your job?
여러분 직업을 어떻게 생각하나요?

7. Can you multi-task?
여러 가지 일을 한꺼번에 처리할 수 있나요?

8. What would you like to do in the future?
나중에 어떤 일을 하고 싶나요?

9. What chores does your family give you?
여러분이 맡은 집안일은 무엇인가요?

10. Who does the most chores in your house?
집안일을 가장 많이 하는 사람은 누구죠?

🔊 DAY 6 Education

1. which school did you go to?

   어느 학교에 다녔나요?

2. What's your major?

   전공이 뭔가요?

3. Did you choose the subjects you wanted to take?

   하고 싶은 과목을 직접 선택했나요?

4. What was your best(favorite) subject?

   가장 좋아하는 과목은 무엇이었죠?

5. What are considered the most important subjects at school? Why?

   학교에서 가장 중요하게 여기는 과목은 무엇인가요? 이유는요?

6. What skills did you learn at school? (Reading, writing, drawing, research etc.)

   학교에서 어떤 기술을 배웠나요?

7. Did you have an opportunity to study abroad? Where? How was it?

   외국에서 공부한 적이 있나요?

8. What's your opinion about learning subjects in English?

   과목들을 영어로 배우는 것을 어떻게 생각하나요?

9. How important is it to get a degree in Korea?

   한국에서는 학위를 받는 것이 얼마나 중요한가요?

10. How helpful are degrees in getting a job in Korea?

한국에서는 학위가 직업을 구하는 데 얼마나 도움이 되죠?

🔊 DAY 7 Hobbies & Pastimes

1. What are your hobbies?

여러분의 취미는 무엇인가요?

2. Who do you do your hobbies with?

취미 생활은 누구와 함께 하나요?

3. How much time do you spend doing your hobby?

취미에 쓰는 시간은 얼마나 되죠?

4. Do you prefer spending time indoors or outdoors? Why?

실내활동과 실외활동 중 어느 것을 더 좋아하나요? 이유는요?

5. What kind of outdoor activities do you enjoy?

어떤 종류의 야외 활동을 좋아하나요?

6. What do you enjoy doing when you relax?

휴식을 취할 때 무엇을 즐겨 하나요?

7. When do you have free time?

여가 시간은 언제 갖나요?

8. Do you like plays or musicals?

연극이나 뮤지컬을 좋아하나요?

9. Do you go to singing rooms? When? How often? Who with?

노래방에 다니나요? 언제? 얼마나 자주? 누구와 함께 가나요?

10. How often do you go to the cinema?

영화관에 얼마나 자주 가나요?

🔊 DAY 8 Holidays & Vacations

1. Which countries have you been to?

어느 나라에 가봤나요?

2. When was the last time you had a holiday?

마지막 휴가는 언제였죠?

3. Where do you plan to go on your next holiday?

다음 휴가는 어디로 갈 계획인가요?

4. Do you like to travel alone or with friends? Why?

혼자 여행하는 것을 좋아하나요, 아니면 친구들과 함께 가는 것을 좋아하나요? 이유는요?

5. Who do you like to travel with on holidays? Why?

누구와 함께 휴가를 가고 싶나요? 이유는요?

6. How often do you travel?

얼마나 자주 여행을 가나요?

7. Do you buy souvenirs when you travel?

여행할 때는 기념품을 사나요?

8. What did you(do you usually) do during the summer?

여름 동안에는 주로 무엇을 했나요(하나요?)

9. Do you talk to other tourists when you are on holiday? Why (not)?

휴가 때 다른 여행자들과 이야기를 나누나요? 이유는요?

10. What language do you speak when you are on holiday?

휴가를 가서는 어떤 언어로 대화하나요?

매일 1시간 쓱 보면 툭 나오는 영어 공부법

🔊 DAY 9　Food

1. **What do you usually have for breakfast, lunch, dinner?**

   아침, 점심, 저녁으로 주로 먹는 음식은 무엇인가요?

2. **What kind of food do you like?**(dislike?)

   어떤 종류의 음식을 좋아하나요(싫어하나요?)

3. **Where do you usually have lunch?**

   점심은 주로 어디에서 먹나요?

4. **Do you drink during meals? Why** (not)?

   식사 중 술을 마시나요, 마시지 않나요?

5. **What's your favorite drink?**

   가장 좋아하는 음료는 무엇인가요?

6. **How often do you go drinking?**

   얼마나 자주 술을 마시나요?

7. **How often do you eat out?**

   얼마나 자주 외식을 하나요?

8. **What's your favorite restaurant?**

   가장 좋아하는 식당은 어디인가요?

9. **Do you cook? How often do you cook?**

   요리를 하나요? 얼마나 자주 요리를 하죠?

10. **How often do you do your food shopping?**

    얼마나 자주 장을 보나요?

◀) DAY 10 Weather

1. What's your favorite season? Why?
   가장 좋아하는 계절은 무엇인가요? 이유는요?

2. Do you prefer to eat indoors or outdoors on a beautiful
   day? Why?
   화창한 날에는 실내에서 먹는 것을 좋아하나요, 야외에서 먹는 것을 좋아하나요?
   이유는요?

3. What was the weather like on your last trip?
   마지막을 여행할 때 날씨가 어땠나요?

4. Can you describe the weather in Korea?
   한국의 날씨를 설명해 주시겠어요?

5. What do you do on sunny days?
   화창한 날에는 무엇을 하나요?

6. What's the weather like (now)?
   한국의 날씨를 설명해 주시겠어요?

7. What do you do on rainy days?
   비가 오는 날에는 무엇을 하나요?

8. Does it snow where you live?
   여러분이 사는 곳은 눈이 오나요?

9. What do you do on a snowy day?
   눈이 오는 날에는 무엇을 하나요?

10. Does the weather affect your mood? How?
    날씨에 따라 기분이 좌우되나요? 어떻게요?

1. What is the capital city of Korea?

   한국의 수도는 어디인가요?

2. Where is the capital city of Korea?

   한국의 수도는 어디에 있나요?

3. How dangerous is your capital city?

   여러분 나라의 수도는 얼마나 위험한가요?

4. What other capital cities have you been to?

   다른 나라의 수도는 어디 가봤어요?

5. What's your favorite city and why?

   여러분이 가장 좋아하는 도시는 어디이고 그 이유는 무엇인가요?

6. Do you prefer to live in the city or the countryside? Why?

   여러분은 도시에서 살고 싶은가요, 시골에서 살고 싶은가요? 이유는요?

7. How would you describe your home village(city)?

   여러분의 고향을 설명해 보세요.

8. If you could live in any city in the world, which one would it be? Why?

   세계 어느 도시에나 살 수 있다면, 어느 도시에서 살고 싶나요? 이유는요?

9. Is it safe to walk around your home city at night?

   여러분이 사는 도시는 밤에 돌아다녀도 안전한가요?

10. How expensive is your city compared to London or New York?

    여러분이 사는 도시는 런던이나 뉴욕과 비교해서 물가가 어떤가요?

1. Do you like sports? (which ones?)

   스포츠를 좋아하나요?

2. Do you play any sports? (Which ones?)

   즐기는 스포츠가 있나요?

3. How often do you exercise? (When? What?)

   얼마나 자주 운동을 하나요?

4. Have you ever been in a sport team?

   스포츠 팀에 가입한 적이 있나요?

5. Who's your favorite sportsman(sportswoman)?

   가장 좋아하는 운동선수는 누구인가요 ?

6. What sport did you play in school?

   학교에서 어떤 스포츠를 했나요?

7. Do you like watching sports on TV? Why (not)?

   스포츠 중계 보는 것을 좋아하나요? 이유는요?

8. How important is it for children to play sports?

   스포츠를 하는 것이 아이들에게 얼마나 중요한가요?

9. Who are Korea's most famous sports stars and what do
   they play?

   한국의 가장 유명한 스포츠 스타는 누구이며 어떤 스포츠를 하나요?

10. What are Korea's most famous sports?

    한국에서 가장 인기 있는 스포츠는 무엇인가요?

🔊 DAY 13 MOVIES

1. What's your favorite movie? (Why is it your favorite?)
   가장 좋아하는 영화는 무엇인가요?

2. What's the last movie you saw?
   마지막으로 본 영화는 무엇인가요?

3. How many times have you seen your favorite film?
   좋아하는 영화를 몇 번이나 봤나요?

4. What's the worst film of all time? Why?
   지금까지 가장 형편없는 영화는 무엇이었나요? 이유는요?

5. What's your favorite film line? (How often do you say it?)
   가장 좋아하는 영화 대사는 무엇인가요?

6. Who is your favorite actor? Why?
   여러분이 가장 좋아하는 배우는 누구인가요? 이유는요?

7. Who is your favorite actress (actor)?
   가장 좋아하는 여배우(배우)는 누구인가요?

8. What's the best film you have seen them in?
   그들이 출연한 영화 중 최고작은 무엇인가요?

9. What do you like about her (him)?
   그 여배우(배우)의 어떤 점이 좋나요?

10. How often do you watch a movie?
    얼마나 자주 영화를 보나요?

🔊 DAY 14 HOME ENTERTAINMENT

1. Do you listen to the radio? Why (not)?

   라디오를 듣나요? 이유는요?

2. What music do you listen to?

   어떤 음악을 듣나요?

3. Do you watch reality show? Why (not)?

   리얼리티 프로그램을 시청하나요? 이유는요?

4. What kind of TV programs do you watch the most?

   여러분이 가장 많이 보는 TV 프로그램의 종류는 무엇인가요?

5. How much time do you spend watching the TV?

   TV 시청에 얼마나 많은 시간을 보내나요?

6. How much time do you spend on the internet?

   인터넷에 얼마나 많은 시간을 쓰나요?

7. Do you exercise at home? Why (not)?

   집에서 운동을 하나요? 이유는요?

8. Do you read books? What do you like to read?

   책을 읽나요? 어떤 책을 좋아하나요?

9. What's your favorite TV show? (Can you tell me what it's about?)

   가장 좋아하는 TV 프로그램은 무엇인가요?

10. What do you prefer to do at home in your spare time?

    여가 시간에 집에서 무엇을 즐겨 하나요?

🔊 DAY 15 READING&MUSIC

1. Do you use the library? (How often? Which one?)

   도서관을 이용하나요?

2. Do you play an musical instruments?

   연주할 줄 아는 악기가 있나요?

3. Have you ever been to a concert?

   콘서트에 가 본 적이 있나요?

4. Do you like listening to the radio? Why (not)?

   라디오 듣는 것을 좋아하나요? 이유는요?

5. Do you do karaoke? (When? How often?)

   노래방에 가나요?

6. What's your favorite music?

   가장 좋아하는 음악은?

7. Who's your favorite singer?

   어떤 가수를 가장 좋아하나요?

8. How much time do you spend reading a week?

   일주일에 책을 몇 시간이나 읽나요?

9. What's your favorite book? (What is it about?)

   가장 좋아하는 책은 무엇이죠? 내용은 뭔가요?

10. What are you reading now? (What is it about?)

   요즘 읽고 있는 책은 무엇이죠? 내용은 뭔가요?

🔊DAY 16 SHOPPING

1. Do you like shopping?

   쇼핑을 좋아하나요?

2. Do you prefer shopping for yourself or for others?

   자신의 물건을 사는 거소가 다른 사람에게 줄 물건을 사는 것 중 어떤게 더 좋나요?

3. Where is the best place to go shopping in Korea?

   한국에서 가장 쇼핑하기 좋은 곳은 어디인가요? 이유는요?

4. Where do you prefer to shop? Why?

   어디에서 쇼핑하는 것을 좋아하나요? 이유는요?

5. When do you prefer to go shopping? Why?

   언제 쇼핑하는 것을 좋아하나요? 이유는요?

6. Do you like going shopping by yourself or with friends? Why?

   혼자 쇼핑하는 것을 좋아하나요, 친구들고 함께 하는 것을 좋아하나요? 이유는요?

7. What was the last thing you bought?

   마지막으로 산 물건은 무엇이죠?

8. How often do you go food shopping?

   얼마나 자주 장을 보러 가나요?

9. What's your favorite brand?

   가장 좋아하는 브랜드는 무엇이죠?

10. Have you ever worked in a shop?

    가게에서 일해 본 적 있나요?

매일 1시간 쓱 보면 툭 나오는 영어 공부법

🔊 DAY 17 HEALTH

1. Do you like fast food?
   패스트푸드를 좋아하나요?

2. Why do so many people eat fast food?
   왜 많은 사람들이 패스트푸드를 먹을까요?

3. What is the healthiest food in Korea?
   한국에서 최고의 건강식은 무엇인가요?

4. Have you ever been on a diet? (Which one? Why?)
   다이어트를 한 적이 있나요?

5. How often do you workout? When?
   얼마나 자주 운동을 하나요?

6. How much sleep do you normally get?
   보통 잠은 얼마나 자나요?

7. Do you get enough sleep?
   잠은 충분히 자나요?

8. How important is sleep to you?
   잠을 얼마나 중요하게 생각하나요?

9. What tips would you give me to stay healthy?
   건강을 유지하는 비법을 몇 가지 알려줄래요?

10. What is your hangover cure?
    여러분의 숙취 해소법은 무엇인가요?

1. What are the main festivals in Korea?

   한국의 주요 축제는 무엇인가요?

2. What is Choosok?

   추석은 무엇인가요?

3. What is Solnal?

   설날은 무엇인가요?

4. When do Koreans wear Hanboks?

   한국 사람들은 언제 한복을 입나요?

5. When is your birthday?

   당신의 생일은 언제인가요?

6. How do Koreans celebrate birthday?

   한국에서는 생일을 어떻게 축하하나요?

7. What gifts do Koreans give each other on their birthday?

   한국 사람들은 생일에 어떤 선물을 하나요?

8. How do Koreans celebrate Christmas?

   한국 사람들은 크리스마스를 어떻게 기념하나요?

9. What is your favorite festival?

   가장 좋아하는 축제는 무엇인가요?

10. Are there any special food days?

    특별한 음식 기념일은 없나요?

🔊 DAY 19 FASHION

1. Do you follow fashion? Why (not)?

   여러분은 유행을 따르나요? 이유는요?

2. What is currently in fashion?

   현재 유행하는 것은 무엇인가요?

3. What do you like to wear?

   좋아하는 옷차림은 무엇인가요?

4. What do you think is unfashionable?

   어떤 게 어색한 옷차림이라고 생각하나요?

5. Have you been to a fashion show? (When? Where? How was it?)

   패션쇼에 가 본 적이 있나요?

6. What is cool?

   어떤 게 멋진 건가요?

7. How often do you change your hairstyle?

   얼마나 자주 헤어스타일을 바꾸나요?

8. Which combinations of color for clothes do you think match?

   어떤 색깔의 배합이 옷에 잘 맞는다고 생각하나요?

9. Is fashion important?

   패션이 중요한가요?

10. Who do you think is the most fashionable person in Korea?

    한국에서 가장 패션 감각이 뛰어난 사람은 누구라고 생각하나요?

FUTURE

1. What are you doing tomorrow?

   내일은 무엇을 할 생각인가요?

2. What are you doing next weekend?

   다음 주말에는 무엇을 할 건가요?

3. Where are you going to go on your next holiday?

   다음 휴가 때는 어디로 가고 싶나요?

4. Do you think you will ever speak English fluently?

   여러분은 언젠가 영어를 유창하게 할 거라고 생각하나요?

5. Do you think you will ever travel abroad (again)?

   여러분은 언젠가 해외여행을 (다시 한 번) 할 생각인가요?

6. Do you think you will ever travel around the world?

   여러분은 언젠가 세계일주를 할 거라고 생각하나요?

7. Are you saving money for the future?

   여러분은 미래를 위해 돈을 모으고 있나요?

8. Would you consider leaving Korea in the future?

   장래에 한국을 떠날 생각이 있나요?

9. Where do you see yourself in 10 years?

   10년 후에 여러분은 어디에 있을까요?

10. What are your New Year's resolutions?

    내년 새해 결심은 무엇인가요?

매일 1시간 쓱 보면 툭 나오는 영어 공부법

한국의 스피킹 초보자들에게 필요한 영어의 핵

다른 사람의 시선을 의식하는 문화가 상대적으로 큰 우리나라에서는 편하게 아는 말로 내뱉을 수 있는 심리적 유창성 psychological fluency을 먼저 구축해야만 합니다. 그 다음 여러 가지 필요한 기능적 역량들을 의미하는 기능적 유창성 functional fluency을 만들어가는 것이 가장 현실적입니다.

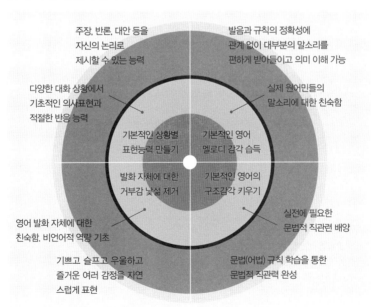

1단계: 500개 단문으로 영어의 핵 기초 완성

심리적 유창성 확보를 위한 기초적 구사능력 만들기

스피킹 초보자들이 꼭 갖춰야 하는 아주 중요한 기본기를 만드는 단계입니다. 코치 재원이 제안하는 기본기 만들기 500문장 만들기 연습을 확실하게 끝내면 아주 단단하게 구축할 수 있습니다.

① 기본적인 상황별 표현능력 만들기

② 기본적인 영어 멜로디감각 습득

③ 기본적인 영어의 구조감각 키우기 (문법적 직관력 기초)

④ 영어 발화 자체에 대한 거부감 낯섦 제거

2단계: 영화 대사를 중심으로 영어의 핵 완성

심리적 유창성 발달 및 기능적 유창성 기초역량 만들기

기본기가 확실하게 다져진 초중급 학습자들이 실전구사능력에 필요한 역량을 쌓아가는 과정입니다. 학습자 자신이 선정한 영화 한두 편의 모든 언어적 요소를 완벽하게 익히거나, 좋아하는 대사를 중심으로 충분히 익히면 됩니다.

직접 영화를 선정하고 공부하는 것이 힘든 학습자들은 코치재원이 운영하는 인터넷 카페를 방문해 보세요. 말하기 코칭에 활용하는 영화와 애니메이션 대사 500개의 대사를 활용한 '영화로 영어 공부' 과정을 확인할 수 있습니다. (http://cafe.naver.com/lcjaewon)

매일 1시간 쓱 보면 툭 나오는 영어 공부법

① 다양한 대화 상황에서 기초적인 의사표현과 적절한 반응능력 배양

② 실제 말소리에 대한 친숙함 배양

③ 실전에 필요한 문법적 직관력 배양

④ 영어 발화 자체에 대한 친숙함, 비언어적 역량 기초 쌓기

3단계 : 영어의 핵 확장하기 (세컨드 랭귀지 진입)

영어의 핵을 구축한 이후라고 해도 저절로 실력이 늘지는 않습니다. 키가 자라기 위해서는 그만큼 영양분을 흡수해야 하겠죠? 이때부터는 만들어 놓은 영어의 핵에 말의 살을 붙여가면서 알고만 있고 쓰지는 못했던 영어지식을 자신의 스피킹 영역으로 들이는 연습을 해줘야 합니다. 또한 문법적 직관력을 완성하기 위해 문법이론도 공부해주면 좋습니다. 영어의 각 영역별로 역량을 확장시켜야 하므로 다양한 교재를 활용할 수 있습니다. 각각의 생활패턴과 직업적 특성, 개인 기호 등에 따라서 선택하는 것이 가장 좋은데요. 이에 관한 자세한 사항은 초보탈출 과정을 마친 독자들을 위해 인터넷 카페를 통해 다시 한번 정리해 드리겠습니다.

① 주장, 반론, 대안 등을 자신의 논리로 제시할 수 있는 능력

② 발음과 규칙의 정확성에 관계없이 대부분의 말소리를 받아들이고 의미 이해가능

③ 문법(어법) 규칙 학습을 통한 문법적 직관력 완성

④ 기쁘고 슬고 우울하고 즐거운 여러 감정을 자연스럽게 표현

자, 이제 영어를 자신의 언어로 만들어가는 단계에 대해 어느 정도 이해가 되셨나요? 영어가 여러분의 세컨드 랭귀지가 된다고 상상해 보세요. 생각만 해도 가슴 설레고 멋진 일 아닌가요? 원리와 절차를 확실하게 인식하고 꾸준함만 유지한다면 누구나 이룰 수 있는 꿈입니다.

그러자면 우선은 스피킹 초보에서 탈출하는 것이 제일 먼저 할 일!
지금부터 코치 재원과 함께 본격적인 스피킹 초보 탈출을 시작해 보시죠!